Colección biografías y documentos

Enrique Lafourcade

Neruda en el país de las maravillas

GRUPO EDITORIAL NORMA

BARCELONA, BUENOS AIRES, CARACAS, GUATEMALA,
MÉXICO, MIAMI, PANAMÁ, QUITO, SAN JOSÉ, SAN JUAN,
SAN SALVADOR, SANTAFÉ DE BOGOTÁ, SANTIAGO, SÃO PAULO

Primera edición, marzo de 1994
©Enrique Lafourcade, 1994
©Editorial Norma S. A., 1994
Apartado aéreo 53550
Santafé de Bogotá, Colombia
Diseño de Camilo Umaña
Fotografía de Víctor Robledo
Impreso por Editorial Presencia
Impreso en Colombia – Printed in Colombia
CC: 21018341
ISBN: 958-04-2696-1

Contenido

A PESAR DE TODO FUE UN GRAN POETA   7

NERUDA EN EL CORAZÓN   19

SARA VIAL, ¿MUSA SECRETA?   25

ENTERREMOS A NERUDA   32

VIENES VOLANDO   37

RESIDENCIA EN LA TIERRA   45

NERUDA, DE ROKHA, HUIDOBRO   48

NERUDA EN INGLÉS   52

NERUDA Y GARCÍA LORCA   53

NEFTALÍ: EL NIÑO QUE QUERÍA SER POETA   56

AQUÍ CUATRO TESTIGOS DE SU INFANCIA Y
ADOLESCENCIA NOS CUENTAN SOBRE ESTE
RICARDO ELIÉCER NEFTALÍ REYES BASOALTO
CUANDO VIVÍA EN TEMUCO   62

HONRARÁS A PABLO NERUDA   68

DE LA GLOTONERÍA DE NERUDA
Y PABLO DE ROKHA Y OTROS GUATONES,
A LA QUE SE AGREGAN POETAS
Y PROSISTAS DE BUEN DIENTE   77

LOS CERDOS Y EL CORDERO   84

ENTERRADME EN ISLA NEGRA:
FRENTE AL MAR   93

CONFIESO QUE HE COMIDO   99

HISTORIA DE UNA PASIÓN ALBERTINA   109

BREVE HISTORIA DE UNA LARGA AMISTAD   119

EL CASO NERUDA, O NERUDA NO TIENE CASO   127

UNA PALABRA DE VERDAD
VALE MÁS QUE EL MUNDO ENTERO   133

ENTRE LA DEUDA EXTERNA Y
LA DEUDA ETERNA   137

NO SEAN TONTOS: PÍDANNOS AYUDA   139

AMOR, AMOR, NO CRUCES LA FRONTERA   141

Cuesta creer que Neruda enteró veinte años de muerte. Es casi una graduación, un doctorado. Que se extinguió en esos días que hoy parecen un sueño, en esas semanas de sangre y violencia cuando el país parecía dividido para siempre en Caínes que se creían Abeles y Abeles que pensaban ser Caínes.

A los muchos recuerdos, a las exaltadas memorias nacionales e internacionales que ha suscitado esta efeméride, oso añadir esta imprudencia, una recopilación de crónicas volanderas que, en diversas instancias de mi más bien lejana relación con el poeta, escribí y dispersé en revistas y diarios.

Se trata de un material de misceláneas y minucias impresionistas, caprichosas, urgentes entonces, que tienen que ver con una suerte de odio-amor por Neruda. Le seguí con gran curiosidad, con bastante irritación a veces, desde los tiempos del esbelto junco pálido de La Frontera, enlutado, primaveral, con olor a lilas, a mes de María, a aromos de Loncoche, a trigales de Boroa, con su voz de bandurria metálica, suspirando bajo la lluvia, hambriento de muchachas en flor bajo los manzanos, ese Neruda de los papelitos y los cuadernos con poemas propios y ajenos, el que hacía girar sus brazos botando estrellas azules, corriendo entre siringas y adelfas, o sea, entre lilas y laureles rosas y blancos.

Muelle en el muelle

Lo veo descender por el río Imperial en ese barquito a vapor. Acaba de abandonar el tren en la estación de Carahue y llega a Puerto Saavedra, al muelle de la canción desesperada donde el mar anuda al viento su lamento estrellado y el niño-poeta pisa espumas iracundas, corre por esas desoladas playas lleno de una agitación terrible, se interna por los bosques donde habitan los indios rubios, penetra en las heladas junglas, se enreda en las guías de los copihues y cree, ¡ah, adolescencia!, que todo en ella, y todo en él, que toda la vida entera, es un naufragio, una bodega, una sentina de escombros, y llora y mira nostálgico los trenes expresos que estremecen la estación de Temuco y van hacia el norte.

También he intentado adivinar al estudiante de francés en el antiguo Instituto Pedagógico, en un Santiago antiguo de brumas, tranvías, pensiones, en las piezas de la calle Echaurren compartidas con otros estudiantes, en las residenciales de Vivaceta, por Maruri, mirando crepúsculos que ni siquiera observaba bien porque andaba con el alma en un hilo llena de todos los atardeceres imaginarios de la juventud, porque su juventud era un amanecer que él creía la muerte de la luz, que era un jadeo de dolores sordos hechos por un viento que se le metía en el pecho. Neruda, ebrio de trementina y de un vino tinto donde nadaban largos besos, de besos de muchachas que estudiaban para ser maestras, donde bebía vinos con besos como frutas, en noches de claro en claro, con muchachas disfrazadas de colombinas y de mariposas a las que abrazaba hasta sentirles aletear sus alas entre gemidos de vuelo.

Y nada de mirra ni de bronce

No pretendo añadir cristales a su cristalización, vendas de lino a esta poderosa momia sagrada de Rey muerto y revivido y transfigurado por las viudas de Neruda, las beatas militantes, y los viudos que son luchadores sociales y las juventudes comunistas que ya envejecieron y las romerías a su tumba donde van como a la del apóstol Santiago, a rayar muros, a cantarle con guitarras unas atroces y desabridas canciones de protesta mientras el gran saurio disecado y relleno con emoción de multitudes se pulveriza en su eternidad histórica.

Apenas añadir alguna sangre, ciertos huecesillos que faltan a su esqueleto, nuevas respiraciones, inspiraciones, aspiraciones, lo velado y lo desvelado y lo oculto, en una palabra, un Neruda en ropa interior, en traje de dormitorio, de conspirador en traje de dormitorio donde el niño Yanko que salía a la selva a tocar su violín, que acompañaba con su violín de poderoso grillo a las selvas del sur, a las lluvias, los bosques, las espesuras, ese poeta emocionado hasta los tuétanos, con su corazón a la intemperie, pretendo explicar cómo, de qué manera ese niño-poeta Neruda sale a la vida, avanza hacia Santiago y luego hacia las lejanías de las islas como un forzado argonauta perseguido por brujas birmanas, y debe cumplir con exilios orientales antes de llegar a España, a Europa.

¿Fue juventud la mía?

Baudelaire tenía un gato que se llamaba Louis. Neruda amaba los perros. Tuvo muchos. Le gustaba dormir siesta y disfrazarse. Admiraba a Rimbaud. Nada más opuesto a Neruda que Rimbaud. El primero fue un rebelde con causa, encausado, disciplinado revolucionario. Es cierto que eso le sucedió cuando ya era un hombre maduro. Antes, su causa visible fue el amor-poesía o la poesía-amor. Enamorar doncellas con poemas. Usar el amor para hacer poesía. Musa y versos se interpenetran, ya no sabe cuál es cuál, qué está primero. Ese Neruda tiene un resplandor enorme, queda, dura. Cada cierto tiempo vuelvo a *Crepusculario* y a sus *Veinte poemas* y allí encuentro una parte sustantiva de sus bienes, un verbo lírico, con sus exactos adjetivos, pero no es eso, eso es pura jerga, una atmósfera de plenitudes, esas Albertinas de poemas numerados, esas Ofelias e Isoldas de las pensiones y las fiestas de estudiantes, esas noviecitas y compañeras de la Federación de Estudiantes, la confusión de pololas y enamoradas en las algaras y saraos y algazaras y bailoteos y beneficios y malones en los hogares de estudiantes donde se cantaba eso de "Hoy un juramento, mañana una traición" y Neruda celebrando a esa niña que no decía ni pío.

Los grandes borrachos

También estaban los bares, los clandestinos, los cafés para atracarse de cervezas, las pensiones No me Olvides, Las Violetas, La Paloma, El Pirata y los cabarets y las casas de cena y las quintas y el vino "mardito" y las sesiones de "amarditamiento" colectivo donde Neruda y su grupo celebraban, concelebraban extrañas liturgias disfrazados de marineros gritando, entre cantos y vivas, produciendo frases célebres cuya fama duraría hasta el amanecer; los poetas royendo pequeñes fiambres, Alberto

Rojas Jiménez, el magnífico borracho, un García Lorca chileno, aunque Federico no fue alcohólico, y Alberto Valdivia, el poeta al que llamaban El Cadáver Valdivia que era uno de los hombres más flacos del mundo y por años se disputaron el reino de los poetas flacos Alberto Valdivia y Eduardo Anguita. Valdivia "era tan amarillo como si hubiera sido hecho sólo de hueso con una brava melena gris y un par de gafas que cubrían sus ojos miopes" –escribe Neruda. Y estaba en la estudiantina El Ratón Agudo y El Huaso Hurtado y el Maestro Isaías Cabezón, pintor y el músico Acario Cotapos y el escultor Barak Canut de Bon y otro poeta pequeñísimo, muy negro, que semejaba un gitano sietemesino aplastado, El Poeta Barata que fue a pelear a la Guerra del Chaco y el que sólo tenía un diente grande y suelto que bailaba de la risa, solo, era un solo diente como un Barisnikov en el espectro de la rosa. Barata vivió muchos años. Acostumbraba frecuentar el López Valverde, la capilla etílica de la Sociedad de Escritores. Todos los mosqueteros, toda la marinería de la bohemia de la calle Bandera ya estaba muerta, se había acabado El Jote y el Club Alemán de Canto y el Hércules, y Barata con su penúltimo vino vinagre, sacaba su diente amarillo a bailar. ¿Cuándo se fue Barata? Es posible que aún viva.

La universidad de la noche

Neruda mandó al demonio sus estudios, esas pedagogías inútiles. Ingresó a la Universidad de la Noche, como alumno libre. Por esos años de juventud, juventud, torbellino, ya tenía secretarios. Como la Mistral, fue aficionado a ellos. A los que convertía en incondicionales, en esclavos. Homero Arce, por toda la vida. Antes, en los tiempos de fiebre y orgía, secretarió a Neruda un escritor de Valparaíso llamado Moisés Moreno, alias Filipillo, que era medio cojo, rabioso, y parecido, en chico, a Buffalo Bill. Filipillo había tenido momentos de gloria haciéndole publicidad a circos pobres en sus giras triunfales por los pueblos del sur montado en un caballo blanco. Desde lejos parecía el mismísimo matador de búfalos. Lo admiraron los niños de Purranque, de Freire, de Mulchén. Neruda sintiéndose el nuevo descubridor de Chile, rebautizó a este Moisés Moreno como Filipillo, por el amanuense inca de Diego de Almagro.

Buffalo Bill no le duró demasiado. Tuvo en cambio bajo su poder a Ernesto Eslava y a Espeche, un extraño intelectual argentino sobre el cual no sé nada y luego a otro de Valparaíso, de apellido Otero y a Margarita Aguirre y al "queque" Jorge Sanhueza. El poeta avasallaba, exigía. Con los años eran docenas los estudiantes, las becarias, los militantes comunistas, algunas enamoradas, en fin, multitudes de personas que engrosaron los registros de sus secretarios. Conseguía incondicionalidad. Rafael Alberti lo recuerda: "Pablo siempre fue un niño terrible, caprichoso, peligroso, porque tenía una enorme personalidad absorbente y si uno caía en su órbita era difícil salir después. Te estrujaba, te hacía beber a su capricho." Luego Alberti evoca a un perro que Neruda trajo del lago Esmeralda llamado Calbuco y sobre todo habla con entusiasmo de Chuflay otro perro que tenía la curiosa especialidad de morder a todos los ingleses que encontraba en la calle, jamás se equivocaba, a los norteamericanos los dejaba pasar sin lesión alguna, pero con los ingleses..., y también tuvo a Kuthaka otro perro al que atropelló un camión, y muchos otros canes que le regalaban los chinos y los soviéticos. No sé de gatos. Si poseyó alguno, sin duda se le escapó. Los gatos no toleran servidumbres.

Liturgias

La más célebre fue la que crearon para el día primero de noviembre. Esperaban la medianoche bebiendo gloriado y luego la banda de Neruda, el Neruda Gang de la calle Bandera acompañaban al Cadáver Valdivia al cementerio general. Allí pronunciaban discursos y lo dejaban solo, en la puerta. Valdivia esperaba prudentemente y cuando ya iban a cerrar el camposanto, corría a los bares a reencontrarse con sus amigos que celebraban con nuevas botellas este milagro. Valdivia se había demorado menos que Cristo en resucitar.

Un día Alberto Rojas Jiménez los invitó a Valparaíso porque se inauguraba un bar restaurante de un italiano amigo suyo. Cayeron como la peor plaga egipcia. Se bebieron el bar. El italiano declaró la quiebra al día siguiente.

Los poetas, salieron a orearse a la plaza Echaurren y después entraron a pedir perdón a la iglesia próxima de La Matriz. Allí Alberto Rojas Jiménez lanzó su célebre grito: –¡Viva el Diablo!– el que fue escuchado por un airado clérigo quien se le lanzó encima como el mismísimo demonio y lo hizo volar por los aires. Al parecer Neruda se habría inspirado en esta escena para escribir años después a la muerte de su amigo ese poema "Alberto Rojas Jiménez vienes volando". Pero esta historia no es segura. Lo cierto sí es que el sacerdote los persiguió lanzándoles piedras como Polifemo a Ulises y sus compañeros.

13

Eran extraños tiempos. Comenzaba una nueva década. 1930 en adelante. ¿Qué cosas ofrecería el porvenir? El Cadáver Valdivia solía recitar uno de sus poemas: *Todo se irá, la tarde, el sol, la vida será el triunfo del mal, lo irreparable...* Era un aire suave y lúgubre, donde flotaba cierto tremendismo. Domingo Gómez Rojas, el poeta estudiante muerto en la cárcel, escribía versos parecidos: *La juventud, amor, lo que se quiere/ ha de irse con la muerte, miserere...* Lo pasaron muy bien. Neruda en sus poemas especulaba con su tristeza infinita. En la realidad, amores, amoríos, fiestas. "En la época de nuestra bohemia se bailaba tango, fox-trot, charleston" –confiesa Diego Muñoz, del grupo de inmortales– "Rojas Jiménez, Orlando Oyarzún y yo, éramos los grandes bailarines. Pero Pablo no bailaba nunca. Tampoco le gustaba el canto, nunca pudo cantar medianamente afinado." Neruda, que era bastante generoso consigo mismo, logró darse cuenta de estas limitaciones. Se comparaba, en tanto bailarín, a una locomotora.

Pedro Olmos, de la pandilla, exhuma una anécdota que le contara un tal Mario Beiza, boxeador que "al final de su vida trabajaba en El Submarino, un cabaret hampón del barrio sur de la Alameda". Dice que llega Neruda y su grupo y el matón en el acto decide darle una paliza. Lo invita a medir fuerzas. El poeta le exige que pasen a un reservado. Se esfuman. Al cabo de buena media hora el grupo, inquieto, decide intervenir en la privacía de los duelistas seguros de encontrar sólo los restos del poeta. Hallan al matón lloriqueando y a Neruda leyéndole sus poemas. Y ambos, dándole el bajo a una botella de vino.

¿Qué le habrá leído? ¿Versos de *Crepusculario*? Ese, su primer libro retenido por no pago en la imprenta y luego, liberado gracias a que Hernán Díaz Arrieta,

Alone, canceló la deuda. Tal vez los nuevos poemas del próximo libro *Veinte poemas de amor y una canción desesperada*.

Eso es todo, a lo lejos
Alguien canta a lo lejos

Neruda y este grupo no tuvieron acceso a los salones santiaguinos, al círculo de doña Delia Matte, a la mansión de doña Inés Echeverría de Larraín [Iris], ni a la casa de Mariana Cox de Stuvens [Shade], ni al palacio García-Huidobro donde reinaba en ausencia del poeta Vicente Huidobro su madre María Luisa Fernández [Mona Lisa]. No entraron a los salones literarios de doña Dolores Echeverría [la Lolo] ni menos al de María Flora Yáñez [Mari Yan]. Eran marginales. Rotos. Trasgresores. *En la calle Bandera/ alguien me espera*, cantaban. Siempre estaba el Zepelín con sus coristas para el último soneto.

Nuevos grupos circulaban en la vida bohemia de Santiago. Cuando el de Neruda experimentaba desintegraciones sísmicas, comenzaba a aglutinarse otro, en torno al poeta Andrés Sabella. Y en los mismos lugares, en las shoperías y tabernas, en los clandestinos y quintas.

Y así, una mañana, el pájaro flaco y ávido de vuelos, se sacó su pesada capa parda ferroviaria, y comenzó a gemir. Tenía veintitrés años. Había llegado la hora de partir *Ah más allá de todo, Ah, más allá de todo./ Es la hora de partir. ¡Oh abandonado!*

Casi sin darse cuenta es catapultado a Rangún como cónsul ad-honorem. Muerto de miedo cambia su pasaje de primera clase por dos de tercera y se hace acompañar por Alvaro Hinojosa, del club *de los que al infinito pretenden* como diría Rubén Darío. El buque va primero a Europa. Breve tiempo en París. Luego, Birmania. Hinojosa se aburrió rápidamente en dicho lugar donde no llegaba nadie. Huyó a Nueva York, tomó el *nomme de plume* de Alvaro da Silva e intentó escribir cuentos. Según su amigo Alvaro, estaba enloquecido en Rangún por la falta de mujeres; Neruda no se atrevía a hablarle a ninguna, era un muerto de miedo. "Como si fuera necesario hablarles" –exclamaba Alvaro. Agregando, "Yo estaba seguro que si se quedaba solo iba a hacer una barbaridad como casarse".

Todo está dicho

El resto parece mucho más público. Se ha escrito demasiado sobre sus navegaciones y regresos, y hay más de un minucioso examen de su sentina de escombros, de la reconditez de su alma oficial. El Neruda que avanza hacia España, que regresa a Chile, que ingresa al Partido Comunista, que se mueve por el mundo con su colección de máscaras. Yo creo sinceramente que se enmascaraba con la gente nueva, con los políticos y los dignatarios, con presidentes y ministros y diplomáticos y comisarios y generales, abriéndose paso como el más astuto estratega hacia el poder de premios cada vez mayores, hacia homenajes a sí mismo que organizaba minuciosamente como la coronación de un Papa, estimulando a sus exégetas, esa peste que suele adherirse a los escritores como los pulgones a los rosales, esos estudiosos de su obra, los tratadistas, el que prepara textos para explicar quién es el escritor, que quiso decir, como si el escritor no hubiera intentado con el primer y más legítimo derecho decir precisamente lo que quiso decir. A Neruda le salieron muy temprano los traductores y los hermeneutas y los augures que sacaban a luz sus intenciones ocultas e invisibles. Hoy existen treinta o cincuenta libros perfectamente inútiles que exploran con la minuciosidad del anátomo-patólogo cada célula de sus sueños y ensueños. Confío en que este libro tenga otra suerte de inutilidad, que apunte al hombre, al Neftalí flacuchento y asustadizo y llovido, tímido como una paloma torcaz, como una tórtola de La Frontera. Yo he querido acordarme de esas zonas de canciones y fiestas, de los tiempos de amores, promesas, traiciones, vinos, llantos, penas, luna. Y no de las mudas y acomodos estratégicos y las mil pieles para seguir hacia la gloria. En el "Estatuto del Vino" presenta a la muerte vestida de almirante que lo espera al final. No fue la muerte identificada con ese vino multiplicado como un río violeta. Al término, en el último recodo, estaba el Premio Nobel vestido de almirante, aguardándole. Y con él, detracito, la vieja empadronadora, como diría la Mistral, la que "no puede vivir sin nosotros".

En el interín, en los entretantos, ¡cuánta vida! ¡Qué ansias! Mujeres, esposas mayores, desfiles, medallas, cantos, cuentos, estadios llenos, multitudes aclamándole, Josie Bliss persiguiéndolo con un cuchillo y al final, esa Alicia, la de las maravillas, que llegó tan tarde y por aquí y por allá, esas melancolías en la familia, ese 4 de octubre de 1934, por ejemplo, cuando nace su hija Malva Marina. En Madrid. Su pobre hija hidrocefálica, con esa cabeza donde alojaba un río. Por algún motivo el Neruda que yo, imperfectamente, iba viendo, ese gallipavo fastidioso, tonto, discursivo, del más obsceno oportunismo, un engañador absoluto, se humaniza cuando me entero de su Malva Marina muerta en Holanda. Vivió sólo ocho años. ¿Qué pasa en el corazón de los hombres? No fue a verla morir. No pudo; tal vez, no pudo tolerar esa muerte. Es posible. Escribió:

Ayudadme, hojas, que mi corazón ha adorado en silen-
cio/ ásperas travesías, inviernos del sur, cabelleras/ de
mujeres mojadas en mi sudor terrestre,/ luna del sur
del cielo deshojado,/ venid a mí con un día sin dolor...

Todo está dicho. Casi todo ha sido hecho. Mientras tanto honores. El mundo lo acoge. Es un triunfador. Sólo él supo cómo iba la canción de la fiesta en el interior de su dormitorio donde no podía dormir, vestido con esa ropa que deja desnuda la conciencia.

Sin malas intenciones

Esto es lo que trato de decir, de hacer. Abro este libro con estas palabras que deberían interpretarse como de amor, de admiración. Pero no amor y admiración por tantos Nerudas como guardó el poeta, sino por uno, el mínimo y dulce Neftalí de la Frontera. Allí estaba intacto. Yo creo que siguió intacto, aunque escondía esa zona franca por débil y sentimental. Supongo que jamás perdió su alma de niño. No le gustaba ser visto en paños menores. Como a todos.

*El 23 de septiembre de 1973 murió Pablo
Neruda. Fieles o discrepantes con su
militancia política, los chilenos
recordamos hoy al poeta que salió
de Parral a hablar al mundo, de
Chile. Combatiente combatido,
impugnado, débil, fuerte.*

–¿Y esta nueva *residencia*?

–Pacífica. Vuelvo a ser dueño de mis actos. No puedo darle demasiados detalles, por lo que dice Breton de la muerte: *una sociedad secreta.*

–Sus últimos días no fueron de los mejores.

–Muy tristes.

–¿Sus *Memorias*?

–¡De ultratumba! Miguel Otero Silva escribió los últimos capítulos. Y varios "ayudantes" sacaron adjetivos. Por mi "imagen", ¿entiende usted? En gran medida soy un poeta "imaginado" por el Partido Comunista.

–¿Es cierto que murió de gota? ¿De reumatismo?

–No. No es cierto. Cáncer a la próstata. La Mistral murió de cáncer y mi compadre Miguel Ángel Asturias. Huidobro de un derrame cerebral... La gota es una enfermedad ridícula, de don Fausto. Pero ¡no se me ponga fúnebre!

–¿Su infancia?

–*Parral se llama el sitio / del que nació el invierno. / Ya no existen la casa ni la calle.*

–Chile no cuida las casas donde nacen sus poetas. La

de la Mistral se cae a pedazos. La de Huidobro fue demolida. ¿Su mamá?

–Tuve dos. *Sin que yo la recuerde, sin saber que la miré con mis ojos, murió mi madre, doña Rosa Basoalto.* Y la segunda, la visible, "¡Oh dulce mamadre –nunca pude decir madrastra–... ¿Ay mamá, cómo pude vivir sin recordarte cada minuto mío? No es posible". *Yo llevo / tu Marverde en mi sangre / el apellido / del pan que se reparte / de aquellas dulces manos / que cortaron del saco de la harina / los calzoncillos de mi infancia / de la que cocinó, planchó, lavó / sembró, calmó la fiebre — y cuando todo estuvo hecho / y ya podía / yo sostenerme con los pies seguros / se fue, cumplida, oscura / al pequeño ataúd / donde por vez primera estuvo ociosa / bajo la dura lluvia de Temuco...*

–¿Su padre?

–*Fue mal agricultor, mediocre obrero del dique de Talcahuano, pero buen ferroviario. Mi padre fue ferroviario de corazón.* Escribí algo sobre él ...*Aunque murió hace tantos años / por allí debe andar mi padre / con el poncho lleno de gotas / y la barba color de cuero... Su vida fue una rápida milicia / y entre su madrugar y sus caminos / entre llegar para salir corriendo / un día con más lluvia que otros días / el conductor José del Carmen Reyes / subió al tren de la muerte y hasta ahora no ha vuelto.*

–Madre, mamadre, papá. ¿Qué más hay?

–*Me voy arriba, a mi pieza. Leo a Salgari. Se descarga la lluvia como una catarata.*" Hay también muchas casas, muchos viajes por la tierra, muchas mujeres amadas y perdidas. Homenajes, premios, luchas políticas. Amigos y enemigos que hablaron todos los idiomas. *Yo enlutado / severo / ausente / con pantalones cortos / piernas flacas / rodillas / y ojos que buscan / súbitos tesoros...*

—¿Hijos?

—Malva Marina. Nació en Madrid el 4 de octubre de 1934. Hija mía y de María Antonieta Haagenar. Murió en 1942. Luis Enrique Délano la conoció entonces: "Era un ser dulce, pálido y enfermo", dijo de ella. Los poetas no deberíamos tener hijos; para mi pequeña hija deforme escribí algo que concluía: *y por una sonrisa que no crece / por una boca dulce / por unos dedos que el rosal quisiera / escribo este poema que sólo es un lamento, solamente un lamento.*

—Usted fue precandidato presidencial de la izquierda en 1970. ¿Habría sido mejor presidente que Allende?

—¡Seguro que sí! Exaltación de la cultura. La República de las Letras. Atenas. Todos los poetas del mundo. Libros, miles de libros, bibliotecas en cada pueblo. Habría dejado la administración del país en manos de técnicos y profesionales. Posiblemente habría gobernado con comunistas y democrata cristianos...

—¿Y los exaltados socialistas? ¿Y el MIR? ¿Y los cientos de grupos?

—Habría utilizado los mecanismos e instrumentos legales para pacificarlos... Siempre pensé que los cubanos de Fidel estaban locos, locos de soberbia y orgullo. Se sentían, se sienten "los únicos revolucionarios del mundo". Parece como si en 1959, cuando Fidel bajó de Sierra Maestra, ellos hubieran *inventado* la justicia y la revolución. Los poetas, nosotros, la estamos haciendo desde los tiempos de Homero y antes.

—¿Nunca se reconcilió con Cuba?

—Cuba es una cosa y el fidelismo otra. Me golpearon con injusticia. Viejos amigos como el "Negro" Guillén y Alejo Carpentier. Fue en 1966. Yo era el invitado de honor del Pen Club en los Estados Unidos. Me recibió

Archibald MacLeish, el decano de los poetas de ese país. Me reprocharon todo. Como si un pobre poeta no pudiera si se le antoja, comerse un par de huevos fritos con un presidente de la República.

–¿Y por qué no ayudó a su compadre Allende?

–Todo lo que pude. Le escribía. Le hablaba. Pero él parecía, sobre todo al final, no escuchar a nadie. Tenía demasiadas ideas fijas. Y le gustaba el juego político, el "mañoseo" diario.

–Escribió usted en *Infancia y poesía*: "Mi madre me llevaba de la mano para que la acompañara a la Iglesia. La iglesia del Corazón de María tenía unas lilas plantadas en el patio y para la novena todo estaba impregnado de ese aroma." La mamadre, sin duda. Temuco. A pesar de estos comienzos, en su poesía casi no hay preocupaciones religiosas. ¿Nunca sintió la necesidad de Dios?

–En la política había seres como dioses...

–¿Stalin? ¿Allende?

–No. Hombres que eran todos los hombres.

–¿Fidel Castro?

–...en la poesía..., y sobre todo en el amor, Dios parecía susurrar. Busqué la alegría, el optimismo, la felicidad del hombre en la tierra... Me enseñaron un Dios de la resignación, un Dios sin vidrios, un Dios que nos tenía a nosotros, los niños pobres de Temuco, los niños de Chile, a pata pelada, muertos de frío... Me rebelé contra ese Dios que ayudaba a los ricos...

–No hay poesía religiosa en su catedral lírica. Pero tampoco hay mucha "contra Dios". ¿Cómo lo explica?

–*¿Quién soy? ¿Aquél? ¿Aquél que no sabía / sonreír, y de puro enlutado moría? ¿Aquél que el cascabel y el clavel de la fiesta / sostuvo derrocando la cátedra del frío? / Es tarde, tarde. Y sigo. Sigo con un ejemplo / tras otro, sin saber cuál*

es la moraleja / porque de tantas vidas que tuve estoy ausen-
te / y soy, a la vez aquel hombre que fui. / Tal vez es éste el
fin, la verdad misteriosa...

—¿Un agnóstico? ¿Un panteísta? La religión, la meta-
física, el idealismo están en el *Index* del pensamiento
marxista-leninista. Y, sin embargo..., esa búsqueda..., a
través de tanta y tanta poesía...

—*Mi compañera Gabriela Mistral dijo una vez que en*
Chile nos vemos pronto el esqueleto, tanta roca tenemos en
montañas y arenas. Tal vez la poesía, cualquier poesía, sea
otro camino hacia Dios. Quizás luchar por la justicia del
hombre aquí, en la tierra, sea el nuevo padrenuestro.

—En su "evolución" política, usted llegó a conquistar
un sitio entre los poetas de izquierda en el mundo. Sin
embargo, usted comenzó como un anarquista, como un
anarco-sindicalista. Me refiero a los tiempos en que amaba a Andreiev, y firmaba: Sachka Yegulev.

—Era yo muy joven...

—Y, sin embargo, en 1945, año en que ingresa al
Partido Comunista, usted adopta la ciega militancia, el
crecimiento internacional de su aura, mediante la servidumbre, la autohumillación, la renuncia...

—¿Por qué dice eso?

—Recuerdo haberle preguntado una vez por su "Oda a
Stalin" y su respuesta: "Yo nunca he escrito una Oda a
Stalin." Recuerdo que fui a buscar la primera edición de
sus *Obras completas*, y allí estaba el poema. Sin embargo, "nunca lo había escrito". A cosas como éstas me refiero cuando digo "autohumillación" o "servidumbre"...

—¿Y a dónde va usted con estas memorias?

—A lo siguiente: a raíz de la impugnación cubana, en
que participaron sus "mejores amigos", usted experimen-
tó una "quiebra" moral. No era posible que se le tratara

así. Y optó por quitarle su "amor" a la revolución de Fidel, a pesar de que estaba ortodoxamente bajo el amparo del Vaticano de Moscú. Postulo, conjeturo si prefiere, que usted se estaba "independizando" de tutelas burocráticas. Que poco a poco iba regresando a su Sachka Yegulev de la adolescencia. Seguro, firmemente establecido en la tierra de la poesía, se transformaba en un "anarquista patafísico".

—No comparto esta apreciación.

—Sostengo que sus últimos meses en París, y luego en Santiago, son los tiempos de un hombre escéptico. Ya no cree en la revolución cubana. Apenas si cree en la chilena (las entrelíneas del libro de Jorge Edwards *Persona non grata*, las declaraciones que usted allí hace, son bastante explícitas), y comienza a dudar de toda la Iglesia marxista. Digo que la muerte es un filtro. Y que usted estaba purificando ideas, motivos de vida. Corre a Isla Negra, acaso a pensar en Dios, en ese Dios que olía a lilas. Tal vez a gritar como Rimbaud: *Elle est retrouvée! Quoi? l'Eternité / C'est la mer allée / Avec le soleil.*

—¡Sachka Yegulev! ¡Rimbaud! El mar…, mi Océano Pacífico, que yo amaba… Vine a verlo, a morir junto a él, en medio de mi pueblo. Como si esas aguas de mi patria pudieran curarme de una herida. *Alguna vez, hombre o mujer / después, cuando no viva / aquí buscad, buscadme / entre piedra y océano…*

SARA VIAL, ¿MUSA SECRETA?

—En la revista catalana El Martillo
(Nº 4, enero 1978), aparece una
entrevista a Sara Vial, una musa
nostálgica de Pablo Neruda.
—¡Es una entrevista apócrifa!, explica
la autora de Al oído del viento.
—¿Qué existió entre ella y Neruda?
Una noble amistad, declara, terminante.

La cultura al poder

Con este desafiante subtítulo la revista literaria *El Martillo* lanza su número cuatro. Se edita en Barcelona. En su portada trae como noticia exclusiva una entrevista otorgada en Valparaíso a un tal Mutkas por la escritora Sara Vial.

Es falsa de falsedad absoluta, dice la poetisa, agregando que ha procedido a enviar una carta al director del semanario y que adoptará las medidas legales que correspondan para desenmascarar a los autores de este imaginario trabajo.

La entrevista contiene una descripción de Valparaíso y Viña, de la oficina de trabajo de Sara (es relacionadora pública de las *Ediciones Universitarias de Valparaíso*) y un diálogo entre Mutkas y Sara Vial.

Reproducimos algunos fragmentos de esta invención:

"Junto a una calle ribeteada de muros que nos dan una impresión de falso decorado, y en un callejón sin salida, ya en Valparaíso, llegamos a una deslucida portería, ascendemos por una escalera sin lustre, sin galas, y, en su primer descanso, hallamos el rótulo sencillo que nos muestra la entrada a las Ediciones de la Universidad Católica. Allí, entre muebles rancios, se recogen las horas de una mujer que tuvo un profundo significado en la vida del poeta Pablo Neruda.

"Entre viejos archivos trasnochados, leyendo a Gabriela Mistral, nos recibe Sara con un aire de dama de principios de siglo; con delicadas pañoletas, con unos ojos nostálgicos. En ella se adivina un espíritu sensible capaz de guardar los secretos más íntimos del poeta. Cada vez que nos habla, mueve sus manos esbozando un vuelo prodigioso de dedos estilizados.

"–Dinos, Sara, ¿qué opinión te mereció Pablo Neruda como hombre?

"Durante unos instantes se traspone y en su expresión parece regresar a tiempos de antaño. Hay en su delicada elocuencia algo de noble, de dama elegante ochocentista.

"–Era un hombre en extremo refinado, le gustaba la buena mesa, disfrutaba de las charlas largas y amistosas; en él había una sensibilidad prodigiosa para todo.

"–Sabemos, Sara, que Pablo Neruda, en su libro *Confieso que he vivido*, nos habla de tí, como de la musa que inspiró gran parte de sus poemas. ¿Hasta qué punto es cierto?

"–Un ligero rubor incomoda a Sara, que como mujer y esposa se siente halagada al tiempo que comprometida.

"–Exagera. Pablo era un hombre que adoraba la amistad y entre él y yo siempre hubo un halo de comunicación tácita. Él se inspiraba en mí, en silencio..."

–"¡Todo es una gran mentira! Nunca hubo, nunca existió esta entrevista! ¡Nunca, las preguntas ni menos las respuestas!", –nos reitera, vehemente, Sara Vial.

Si quieres publicidad...

Como *El Martillo* no entierra clavos, sino en un pequeño círculo de intelectuales hispánicos, Sara jamás
habría sabido de este trabajo si no es por una hermana
que vive en Madrid, que vio la revista en un quiosco,
compró algunos ejemplares y se los mandó con unas
líneas que eran, entre broma y serio, una suerte de
tirón de orejas a Sara:

–Si quieres hacerte promoción, busca otro camino...

De más está decir que Sara sufrió un mal rato. A pesar
de toda una serie de conceptos halagadores que sobre ella
se vierten en el artículo, la entrevista la descolocaba visi-
blemente. Primero, ante su familia, su esposo y sus dos
hijas. Luego, ante sus amigos, que no podrían menos que
pensar lo que su hermana insinuaba filialmente. Aprove-
charse de un Neruda muerto e inventar que éste la habría
tenido como su "musa" era, sin duda, ir demasiado lejos.

El marino que odiaba los barcos

–¿No tienes siquiera una idea de quién pudo haber sido
el autor?, le preguntamos.

–Sí. Creo que fue un marino español que pasó por Valparaíso. Según él, era escritor y quería publicar un libro.
Vino a vernos a la editorial y hablamos algo...

–¿Cómo se llamaba?

–Ni siquiera recuerdo el nombre. Hablamos sobre ediciones y libros. También sobre barcos. Él nos confesó (a
Renato Carmona y a mí) que "odiaba los barcos". Era
un español pintoresco y parlanchín.

–¿Hablaron sobre Neruda?

27

–Nada, ni una palabra. Presumo que en el viaje a España se le ocurrió inventar "de pe a pa" esta entrevista.

–¿Y esa referencia a *Confieso que he vivido*?

–Todo falso. Revela su ignorancia respecto del libro que, sin duda, no ha leído. A mí me lo prestó Maruja Mori, y lo único que Neruda hace es nombrarme como una persona amiga en unas breves líneas. Dice textualmente: "Sarita Vial llevó mi poema al diario *La Unión*." Y eso a propósito de un poema que Neruda escribió sobre Asterio Alarcón, cronometrista, sobre una anécdota que yo le conté. Hay bastante distancia de este hecho que se puede comprobar con libro en mano a decir que en dicho libro "nos habla de tí como de la musa que inspiró gran parte de sus poemas".

Esta Sara Vial es trinadora

Le escribe Neruda, muchos años antes. Agregando: "nació tal vez para despepitar la aurora anunciando los rayos y el arrobamiento del día".

Es Camilo Mori quien le muestra los primeros versos de Sara a Neruda. Son los tiempos de *La ciudad indecible*, su primer libro editado en 1958. Neruda se lo prologa. "Esta Sara Vial es dulce como el agua del Sur, entre Carahue y Boroa –le dice–. Es verdadera y cantarina, esta suave y serena y sauce Sara".

Y la compara con una "matinal campanita".

Su entusiasmo se justifica. La escritora empieza a "decir" su ciudad, la del Cerro Alegre. Salen más libros (*Un modo de cantar*, *Viaje en la arena*, *En la orilla del vuelo*, y muy recientemente *Al oído del cuento*). No es sólo Neruda quien escucha llamar a maitines a esta campana;

la celebran y prologan Juvencio Valle y María Luisa Bombal. Y Vicente Aleixandre, reciente Premio Nobel, la confirma: *Sus versos, qué bellos / qué claros, yo diría / ¡qué fraternos!*

Sara, en el olvido

Volvamos a la entrevista apócrifa. El desaprensivo Mutkas dice por ahí: "ella es una poetisa de una sensibilidad extraordinaria y, sin embargo, sólo la pluma ágil de Pablo Neruda nos deja testimonio de su existencia como artista. Ella muy bien pudiera ser la Gabriela Mistral de nuestros días y, no obstante, yace olvidada en el ángulo oscuro, recordando sus viejos encuentros con el poeta y dejando un dulce testimonio en muy pocos poemas publicados en su país".

Basta examinar la lista de sus libros, los muchos poemas publicados en diversas antologías, incluso uno tallado en un árbol de la Quinta Vergara, sus cientos de artículos en diversos diarios y revistas de Santiago y Valparaíso... Bueno, lo cierto es que el tal Mutkas se las trae... A veces resulta pintoresco, como cuando le hace decir a Sara:

–Cuando algún afiliado a su partido llegaba a su casa él me pedía cortésmente que me fuera. Incluso llegó a confiarme: "ya están, otra vez, esos pesados".

O cuando a una imaginaria pregunta de cómo ve ella el panorama de la literatura actual en Chile, le sucede otra no menos imaginaria respuesta:

"Dormido, ahora sólo luchamos por sobrevivir. El país ha atravesado una crisis económica y en la actualidad el pueblo no tiene tiempo para pensar".

Periodismo objetivo

La entrevista no es terriblemente mal intencionada.

Lejos de eso. Tal vez Mutkas quiso hacerle un servicio a Sara Vial. Se refiere a la muerte de Neruda y la hace decir: "su ideología política fue algo que nunca compartí con Pablo ni él conmigo". Y al término de la conversación apócrifa, insiste en los "secretos poderes" de Sara:

"Descubrimos en Sara un deseo de cerrarse consigo misma, con sus recuerdos. En ella hay un poco de tristeza, porque no siguió el carro de gloria del héroe; pero supo estar tras él, alentando su obra e inmunizándola del carácter sectarista que en tantos y tantos escritores advertimos.

"Valparaíso se quedó atrás y en un rincón solitario en Viña del Mar, vive sus días nostálgicos la que fue musa de Pablo Neruda: Sara Vial".

Así concluye este reportaje del desapoderado español. Todo resulta burdo. Ojalá Sara Vial hubiese podido influir efectivamente en la poesía de Neruda "inmunizándola del carácter sectarista". Rastreando la obra del poeta no encontramos verso alguno dedicado a Sara. Ella asegura no tenerlos, inéditos. Por lo demás, doña Matilde Urrutia de Neruda no habría permitido ni los desbordes líricos ni cualquier otro desborde, de parte de su Pablo, al que vigilaba y seguía como una sombra en celo. Lo cierto es que a Sara, al leer la entrevista, se le entró el habla (lo que no resultó fácil). ¿Cómo podrían interpretarla su esposo, sus dos hijas, doña Matilde y sus amigos? Las indiscretas prosas del capitán, apócrifas de proa a proa, pretendían tejer un nuevo mito alrededor de Neruda, y, de paso, "musificar" a una escritora, que por derecho propio (léase su obra, entiéndase su talento) está sólidamente instalada en la nueva poesía chilena, sin huellas visibles del guitarrón nerudiano."

El Martillo y su desaprensivo redactor Mutkas esta vez no dieron en el clavo. Entre Sara Vial y Pablo Neruda no existió sino la amistad limpia y clara de dos poetas.

A lo mejor Neruda fue "el muso" de Sara. Su auditor, en todo caso. ¿Cómo saberlo?

El tiempo nos pasa. Sin duda los días le habrían acentuado esa apariencia de Buda de madera o piedra, aceitoso y sellado, de aymará cobrizo y lejano. Tenía algo de iguana, de robusto lagarto de las paredes de adobe. Como Miguel Ángel Asturias.

Veo fotos. Neftalí tiene poco más de un año. Le pusieron un vestido como de muñeca encima de unos pantalones. La mano derecha está apoyada en el cojín de un sillón. No llega más arriba. No se ve alegre.

Otra, del tiempo que estudiaba francés en Santiago, con su capa ferroviaria, terno, chaleco, camisa y corbata y gran sombrero de alas anchas. Todo gris y negro. En la mano una pequeña pipa, como esas de yeso que fumaba Rimbaud. Flaco, estrecho de esqueleto, rostro huesudo y afilado. Nariz y boca grandes.

Una tercera: Quinta Belga, en el cerro Navia, allá al fondo, hacia Quilicura, donde muere Mapocho o San Pablo. Es 1924. Acaba de publicar *Veinte poemas de amor y una canción desesperada*. Aún está flaco, al medio de un alegre grupo de poetas. Brazos cruzados, sin capa, echado hacia atrás, sobrador, sonriente. Entre Marina de Plaza y Berta de Pashin, las dos únicas mujeres del grupo. El resto: Ángel Cruchaga, Hernán del Solar, Homero Arce, Juvencio Valle, Rosamel del Valle, Humberto Díaz Casanueva. Tomás Lago y otros líricos de esos tiempos. La quinta se divisa apenas, unos parrones al fondo del galpón donde está en pose el alegre grupo. Buen tiempo, tal vez la primavera. Deben haber comido una excelente cazuela de ave. Antes, empanadas sopeadas en pebre, y con vasos de tinto áspero. Fiesta de todo el día. El joven romántico en su esplendor, ya listo para perder sus tristezas.

Ahora, en Ceilán, año de 1929, sentado en el parachoques de un auto, pantalones, camisa, zapatos blancos. Delgado y sonriente. Empieza a perder los cabellos.

Dos más, y en 1933. En la primera, un poco más gordo, escuchando a Federico García Lorca que habla y acciona. ("Hablemos sencillamente cómo eres tú y yo: ¿para qué sirven los versos si no es para el rocío?"). La otra foto es una comida en el restaurante El Pescadito. Neruda, en el medio, tiene tomada de la mano a una dama nada de fea, de sombrero y pieles, que está de pie a sus espaldas. Hay otras nueve mujeres. Están Oliverio Girondo, Pablo Rojas Paz, Ricardo Molinari, Norah Lange y algunos otros. Sillas de Viena, manteles blancos. Aún no empieza el banquete. Neruda ya ha echado carnes, la cara se le advierte redonda, la frente "despejada", con ese despeje que conduce a la calvicie irremediable.

Saltemos por el tiempo, por las navegaciones y regresos, por las residencias y fugas y congresos y odas y premios y campañas y campanas. Veo a Neruda en Isla Negra, con su gran amigo Acario Cotapos. Acario lleva un bastón en la mano, abrigo y bufanda y boina. Neruda, de suéter obscuro, y anteojos doctorales. Ambos miran hacia el cielo. La foto no alcanza a mostrar qué hacen, pero el gesto de Neruda es inequívoco: están elevando un volantín. Acario sonríe como un niño. Pablo, más bien serio. Al fondo, un montículo con hierbas. Es primavera. El volantín debe haber sido de muchos colores, azul y rojo y verde y amarillo y negro, con vuelos, tal vez un pájaro. Es 1954. Acario ya se está poniendo viejo y los instrumentos de su orquesta imaginaria suenan algo ásperos. Aún hace reír con sus cuentos. Neruda era hombre de profundos odios y de grandes afectos. Nada en chico. Contribuyó a comprarle un departamento a Acario, que no tenía dónde vivir. Recuerdo haber estado allí, en una terraza mirando el Santa Lucía. Eran dos piezas, donde apenas cabía un piano. La terraza se iluminaba cada 30 segundos con un enorme letrero que decía "Coca-Cola" o algo parecido, en rojo y después en azul, esto durante toda la noche. Según Acario, los colores que encendían sus dos piezas, le ayudaban a escribir música y a dormir bien. Acario, como todos los viejos, se fue quedando solo. Se estaban olvidando de él. Encontró a Neruda el día antes de Navidad y le reprochó amigablemente que hacían tantos meses, que no se veían. Que ya nadie, que los viejos amigos...

Al día siguiente, 24 de diciembre, al filo de la medianoche, timbre: Acario en bata y pantuflas, solo, "como los muelles en el alba", se disponía a dormir: Pablo Neruda y su mujer. Cargado de pavos, botellas de champagne, foie gras, turrón, pan de pascua. Pasaron allí la Navidad los tres. Y las siguientes Navidades, siempre los tres, hasta que Acuario se voló, un día en que él mismo dejara la puerta abierta de su jaula.

En Isla Negra

La penúltima imagen es el cuarto de trabajo, la mesa donde escribía el poeta, en Isla Negra. Al frente un gran ventanal hacia las olas y la arena. Hay un marco con una foto de Baudelaire (*mon semblable*, *mon frère*) una pequeña escultura polinésica, pascuense tal vez. Veo una mano de bronce, una bola de vidrio. El sillón es de respaldo redondo. A lado y lado estantes con libros.

Aquí Neruda trabajaba, todas las mañanas. No creo que demasiado de alba, más bien hacia las nueve y media y hasta no más de las doce. El mar espumeante al fondo. En esta casa de madera y piedra, pasó sus últimos días. Dejó París para venirse a su isla. Se preparó a bien morir, mirando largamente, como si fuera la primera vez, las cosas, las personas, las nubes, las maravillosas nubes. Es posible que en los días últimos llegara a su mesa de trabajo arrastrando los pies, o ayudado por su esposa. El cuerpo pesa, algo adentro está roto, la última vuelta del camino ya viene, de pronto se apagará ese mar blanco, esa ventana, alguien correrá una cortina obscura sobre estas aguas blancas.

¿Cómo? ¿Cuándo?

La última imagen: Neruda muerto, amortajado en una sábana blanca. Me imagino dónde está: en la capilla de la clínica Santa María. El rostro afilado, como si la muerte lo devolviera al joven Neftalí del Liceo, o al Neruda recién inaugurado de los crepúsculos de Maruri. La foto es hermosa dentro de sus melancólicos límites. Hay dos mujeres, Matilde Urrutia de Neruda, con un ramo de flores, parecen claveles, son claveles, tal vez rojos. Tiene la vista baja. En segundo plano, como siempre quiso vivir, Laurita Reyes, la hermana. Los rostros hablan. Hay un silencio allí, de buena clase. Es el dolor, y, acaso, la soledad. La soledad *como un grano de trigo en el silencio, pero ¿a quién pedir piedad por un grano de trigo? Ved como están las cosas: tantos trenes, tantos hospitales con rodillas*

quebradas, tantas tiendas con gentes moribundas, entonces,
¿cómo?, ¿cuándo?

Cuando murió no había nadie. Hoy, será recipiente de
múltiples homenajes. Por años militares le mantuvieron
en un nicho. Tiene derecho a su tierra. A su sitio allá en el
cementerio de El Toral, junto a su compadre de la Hostería de Isla Negra. Para que la cortina que cubre la ventana
de su cuarto de trabajo vuelva a levantarse. Y el mar pre-
valezca y cure todas las heridas.

I. Esa noche, en Parral, llovía a cántaros. Era el 12 de julio de 1904. El pueblo echaba humedades. Por las ventanas sin vidrio salían humos de cerdo asado, de sopaipillas. Se escuchaban vihuelas. Trinos de cuecas pobres entre tinieblas. Un viejo ahíto de chicha buscaba su casa, hundido en el barro de la calle mayor, gimiendo: "Nadie me quiere... nadie me quiere..." Doña Rosa Basoalto de Reyes daba a luz una guagua flaca. Las comadres que la asistían en el parto movieron la cabeza. Este niño no iría lejos. Era un angelito inminente. Doña Rosa y su marido, don Ricardo Eliécer Neftalí, decidieron bautizarlo cuanto antes: "Te llamarás Neftalí", afirmaron.

El niño no les hizo caso. Al mes siguiente, en agosto, moría doña Rosa.

II. 1906. Su padre se casa con doña Trinidad Candia, la *mamamadre* del poeta. Se van a vivir a Temuco. Neftalí conoce el Liceum. "En el Liceo hacía un frío polar. Hace cuarenta años, yo tiritaba como deben tiritar ahora los chicos en el nuevo Liceo de Temuco. Han hecho un gran edificio moderno, con grandes ventanas, pero sin calefacción. Así son las cosas por allá, en la frontera... En mi tiempo había que hacerse hombres. Las ocasiones no nos faltaban. Las casas del sur eran destartaladas, apresuradamente hechas de maderas recién cortadas y techos de zinc. A veces, en la mañana, la casa de enfrente se despertaba sin techo."

Sopaipillas, braseros, mates, calcetines mojados, incendios, inundaciones, digüeñes, el baúl mágico con el loro del calendario, las tarjetas postales, la guerra con bellotas de encina, el cordero asado, la ensalada de porotos verdes hecha en batea de lavar, el ñachi, Salgari, los escarabajos del cerro Ñielol, los alaridos y vapores del tren que sale de noche, lleno de piedras, la imagen borrosa del padre, padre de sueño, padre de medianoche, manejando la enorme locomotora fúnebre. "¡Qué soledad la de un pequeño niño poeta, vestido de negro, en la frontera espaciosa y terrible!"

III. "Por ese tiempo llegó a Temuco una señora alta, con vestidos muy largos y zapatos de taco bajo. Iba vestida de color de arena. Era la directora del Liceo. Venía de nuestra ciudad austral, de las nieves de Magallanes. Se llamaba Gabriela Mistral." Describe luego su sonrisa como "ancha y blanca", en un rostro lleno de intemperie, de arrugas hondas. (¿La sonrisa de Nicanor Parra?)

Reconstrucción: Neftalí Reyes apenas respira. Gabriela Mistral le habla de poetas, le presta libros. Los primeros rusos. Todo es hierático y solemne, en el nombre de Gorki y Gogol, de Tolstoi y Dostoievski. Los dos, ruborizados, secretos, corteses. Neftalí corre a su casa, aterrorizado por la poesía. Amanece pesadamente en Temuco. La *mamamadre* le tiene ya el desayuno listo, la enorme taza de café con leche, y el pan tibio. En la noche, esa noche, hubo apariciones, anuncios, la llegada de la melancolía en gloria y majestad, el poder de la palabra bautizadora del mundo.

–¡Neftalí! ¡Neftalí! –susurra la *mamamadre*.

En la semitiniebla de la aurora escolar, entra Pablo Neruda.

La directora del Liceo se desvanece. Era del Norte, del

Valle de Elqui, hecha de piedra porosa. Él, de Parral y Temuco. Poeta de madera húmeda.

Un día se volverán a encontrar.

iv. Lo que viene ahora es literatura.

Parábola de la oveja pequeña: "Una vez, buscando los pequeños objetos y los minúsculos seres de mi mundo, en el fondo de mi casa en Temuco, encontré un agujero en una tabla del cercado. Miré a través del hueco y vi un terreno igual al de mi casa, baldío y silvestre. Me retiré unos pasos porque vagamente supe que iba a pasar algo. De pronto, apareció una mano. Era la mano pequeñita de un niño de mi misma edad. Cuando acudí no estaba la mano, porque en lugar de ella había una maravillosa oveja blanca. Era una oveja de lana desteñida. Las ruedas se habían escapado. Todo esto la hacía más verdadera. Nunca había visto yo una oveja tan linda. Miré por el agujero, pero el niño había desaparecido. Fui a mi casa y volví con un tesoro que le dejé en el mismo sitio: una piña de pino entreabierta, olorosa y balsámica, que yo adoraba. La dejé en el mismo sitio y me fui con la oveja.

"Nunca más vi la mano ni el niño. Nunca, tampoco, he vuelto a ver una ovejita como aquélla. La perdí en un incendio. Y aún ahora, en este 1954, muy cerca de los cincuenta años, cuando paso por una juguetería, miro furtivamente a las ventanas. Pero es inútil. Nunca más se hizo una oveja como aquélla."

La memoria, que no perdona. La patria de la infancia que no deja de cantar la canción nacional de cuna, los coleópteros entre las resinas, royendo robles, el polen del ulmo golpeando toda esa noche la ventana. Ya no saldrá de allí. El niño enclaustra al hombre. Lo ciega. Es Edipo guiado por Edipo. Te caíste de cabeza al baúl, tras el loro mágico, y no sales, no vas a salir nunca. Allí estás en el foso del arcón. Todo lo que ha pasado después fue un sueño. *Nadja, arrivée la premiére, en avance, n'est plus la méme.* La oveja perdió su sangre para redimir. Con ella, con ese ñachi esencial, se pintaron, se tiñeron las columnas de madera de ciertas casas de justos en Temuco y el ángel exterminador siguió de largo. La oveja –Agnus Dei– no se encuentra más. Ni en las jugueterías del espíritu.

v. *Tu voz se unió a la eterna y alta voz de los hombres. Cantaste bien. Cantaste como debe cantarse.*
Apenas conocida la noticia –Neruda Premio Nobel 1971– organizamos apresuradamente un acto de homenaje al poeta. Esto sucedió en Alburquerque, en la Universidad de New Mexico. Había que obtener traducciones a distintos idiomas, música, ojalá la tonada de Manuel Rodríguez, ojalá la Banderita Chilena. Todo fue conseguido. Y a las tres y media de la tarde se recordó a Neruda. Unas palabras mías. Aunque una sonrisa era suficiente. Todos alegres, alegres de que fuera cierto. Neruda en alemán. Leen George Peters y Tamara Holzafel. Neruda en inglés. Leen William Roberts y Gary Brower. Neruda en francés. Lee Claude Marie Bock. Neruda en español. Lee Sabine Ulibarri, natural de Tierra Amarilla, chicano, la "Oda a Federico García Lorca". Lee Rubén Cobos, chicano, profesor de folklore, "Farewell". Cobos se emociona y apenas puede terminar la lectura, entre lágrimas. Música de guitarras, huasas y huasos, "mi banderita chilena..., etc..." Neruda estuvo aquí, esa tarde, con nosotros, en Albuquerque, en New Mexico, en este gigantesco valle lleno de indios navajos, de chicanos, de indios taos, de hispanos, y de anglos, en estos valles, mesas y desier-

tos donde se trabaja la turquesa y se sienten los poderes del sol y las raíces. "Es que ya tienen que darse cuenta –me decía Ulibarri– de quiénes somos nosotros..." y ese "nosotros" me estremecía melancólicamente.

Pregunta: ¿Y quién diablos es Neruda? ¿Y qué es, qué significa su obra, esa pirámide de papel impreso, el Teo-calli de Cholula de la lírica hispánica, este Aconcagua, esta muchedumbre de gemidos, profecías, admoniciones, discursos, loas, odas, encomios, desde la poesía de medi-das, la poesía de media confección, hasta la verdadera? ¿Qué hay debajo? O, mejor ¿qué se levanta encima, por encima de tanto verso?

A los sesenta y siete años, con todos los premios que lo "residencian" definitivamente en la tierra oficial de la poesía contemporánea, parece tarea necesaria ya, intentar ver. No es fácil. El olor de la poesía me hace llorar a gri-tos. No es fácil. Hay tanto apologista iracundo, hay tanto escoliasta energuménico y desenfrenado, y, además, tan-tos enemigos, los antinerudianos que proclaman a voces que Neruda está –y siempre estuvo– en pleno "cha-cha-che-o" lírico, que es su arte, de ropavejero, de urraca ladrona, de almacenero loco.

¿Qué hay? ¿Dónde se encuentra la *poesía*?

Una marcha de guerrillero, de lector guerrillero, por los tomos de sus *Obras completas*, Edición Losada, supo-ne un machete. Hay que ir abriéndose paso, cortando sin misericordia, lianas, arbustos, cañaverales parasitarios, la retórica de corre y vuela, las metáforas que, alguna vez, estuvieron llenas y ahora son mascarones de proa. Las olas, por ejemplo, "que galopan" y que alguna vez galo-paron bien por el Océano, los "¡Oh!" y los "¡Ay!" neorro-mánticos, con que saluda a los países, la perspectiva profética altisonante, altoparlante: "Veo", "Escucho",

"Inauguro", "Decido", "Yo hice...", ese "Yo-Yo" que sube y baja de su cordel –cordón umbilical–; hay que cortar las enredaderas cósmicas, todo lo hipopotámico e infinito, los gritos y las arengas furiosas, las enumeraciones vacías, todos los cementerios solos de su gran subterráneo.

Hay que descubrir, de pronto entre tanto material de demolición, cómo sube el humo azul, celeste. Hundir la mano "en lo más genital" y sacarla llena de tierra, y en el hueco de esa mano ver cómo vuela el cordero blanco, desangrado, de su infancia, ver cómo vuela el dolor y la melancolía familiar, ver cómo sube todo el amor por las venas, y las cosas simples y los pavores simples, y la naturaleza esmaltada por la memoria, y el sur, la lluvia, el mar, los alimentos terrestres.

Porque ya es tiempo. Pablo Neruda es un poeta, un buen, un gran poeta. Que ha cedido a la tentación de la fecundidad. Que maneja malos filtros, que publica todo. Pero, en ese todo, una décima parte, *es poesía*, de la más alta ley de fino. Un poeta del amor y de la muerte, un romántico que nunca ha perdido, en medio de tantas invocaciones y parabienes de oratoria poética pública, esas raíces temblorosas que le vuelven a su cuarto de niño.

Es en este contexto donde entrega aportes absolutos, donde, en el decir de san Juan de la Cruz, *da a la caza, alcance*.

VI. "Arrópese bien, Pablo" –le escribe Gabriela Mistral previniéndolo contra el clima de Nápoles. Es la misma vieja magnífica que, en la oportunidad en que vuelve a Chile, y los pavos reales y gallipavos del régimen de turno le piden que hable desde los balcones de la Intendencia de Valparaíso, en vez del previsible discurso de gratitud, aconseja al mujerío sobre hierbas de buena parición, sahumerios contra los terremotos, ensalmos para bienes de amor, apóloga ante el estupefacto auditorio, de las potencias de la malva y la ruda, el tilo y la menta, el boldo y el cedrón.

Desde lejos, se quisieron y se unieron. No solamente la poesía los tomó de la mano. También la conciencia de un mundo injusto, de un Chile injusto, de un Montegrande, de un Parral injustos. Gabriela publicó estas desazones, en voz baja, en susurros de confesionarios, *dentro de su poesía*. Neruda, con altavoces, conminatorio y denominativo, las más de las veces, *fuera de la poesía*. Pero, ¡cómo no decir ahora que los dos fueron, han sido, sinceros en su hambre de fraternidad humana!

VII. Los afuerinos. Historia final.

Había una vez una niña pobre y fea, con una abuela loca, que la obligaba a leerle el libro de Job, y el Eclesiastés, debajo de los perales, en un jardincillo de Montegrande.

Había una vez un niño flaco y triste, que veía pasar a su padre entre la noche y la lluvia, entre los aserraderos humeantes de Temuco.

La poesía, que es como el espíritu, sopla por donde quiere; les entró en los tuétanos y los llenó de ardentías y ricos insomnios.

Ambos se pusieron a cantar.

Era el norte y el sur de Chile, que cantaban. Pero era Chile, nuestra tierra, al fondo del mundo, la que parecía hablar por ellos. Con una voz nueva, original. Porque ellos sí sabían de dónde venían sus cantos. Desde el fondo vegetal y mineral, de los desiertos y cordilleras, de los valles y oteros y bosques, lagos y hontanares islas y ríos, desde allí salían las hablas a volar por el mundo, a hablar lengua "que jadea y gime", seguros de que algún día les iban a escuchar, a reconocer, no sólo las bestezuelas, sino los hombres, todos los hombres.

Trato de decir mi alegría por este Premio Nobel –el segundo que recibe Chile, tan despremiado en otras cosas– y de saludar con un buen abrazo de campo a Pablo Neruda.

El tiempo se va. Mejor, él se queda y nosotros nos vamos. Ya se llevó a esa niña, a la maestra primaria del valle de Elqui, se llevó sus perales en flor, su abuela alucinada –que era ella misma, la alucilada–, se llevó los cerezos y almendros, las vides entre eriales.

Él baja unos velos húmedos y el muelle de Nueva Imperial, esas adolescentes morenas, ágiles, la plaza de El Manzano, el cordero blanco, todo baila, retrocede y se va y perece. Las horas muerden el corazón y la última lo devora, y no hay sangre que detenga al ángel cuando llega disfrazado de fantasma de buque de carga.

Pero hoy, ¡qué alegría! Porque:

> *Entre plumas que asustan, entre noches*
> *Entre magnolias, entre telegramas*
> *Entre el viento del Sur y el Oeste marino*
> *¡Vienes volando!*

Pero nos hallaremos inermes, apretados
entre los dones mudos de la tierra final...

Al morir Neruda no había dónde enterrarlo. La escritora Adriana Dittborn ofreció el mausoleo familiar como solución inmediata. Es posible que me equivoque, pero no sé por qué creo que en la decisión de hospedar temporalmente los restos del poeta en el panteón –"panteón" igual "muchos dioses"– hubo cierta espontaneidad. El instante no se prestaba para esa clase de gestos. Es enteramente presumible creer que Adriana Dittborn ofreció este asilo sin consultar acaso al resto de los dueños del inmueble.

Su iniciativa la llena de honra.

Posteriormente Matilde Urrutia, viuda del poeta, trasladó el cadáver a un nicho, esperando autorizaciones burocráticas para instalarlo definitivamente en el cementerio del El Totoral, próximo a Isla Negra, sitio elegido expresamente por Neruda. Aparece en la información –se adivina más bien– el repudio que ciertos miembros de la familia hicieran a los huesos de Pablo Neruda alojados en un panteón capitalista y que motivó este insólito cambio. Un mausoleo, al fin y al cabo, es una casa propia. Tiene algo secreto, de la tribu. Y es posible que nunca hubiese entrado allí un poeta. Y la incomodidad en el mundo de la vida, de tenerle de inquilino, junto a madres, tías y abuelitas. El qué dirán.

En los días de la muerte y el epinicio de Neruda se multiplicaban los Caínes. Y comunistas, socialistas y ultra variados, antes de que el gallo hubiera cantado una vez, ya eran capaces de denunciar a su propia madre para salvar el pellejo, llorando "nos engañaron..." "Allende no era lo que creíamos..." "¡Cuándo nos íbamos a imaginar...!" "¡Yo siempre estuve con las Fuerzas Armadas...!" Proliferación de gestos, de palabra, por escrito. Íntimos de Allende que llegaron a publicar artículos pulverizándolo, o a adaptar finales de novela ya editadas para, en nuevas ediciones, demostrar que en el fondo siempre estuvieron contra la Unidad Popular. Oportunismo infamante.

¿Cuántos de estos intelectuales chilenos estuvieron en el Cementerio General acompañando a Neruda? Hablo de la *gauche divine*, naturalmente. Me parece normal que en el cementerio no estuvieran Hernán Díaz Arrieta (que sí fue), Enrique Campos y algunos otros. Pienso en ésos que amanecían con el nombre de Neruda en los labios.

Ahora, el escritor propietario de la tierra, de las hojas y el musgo y humedades y maderas bajo la lluvia, el escritor vegetal, pasa de un suntuoso edificio de departamentos a un nicho. Todo de concreto. Embotellado en cemento.

Y, sin embargo, en la colina llena de pinos, desde la cual se divisan las rocas y la espuma de Isla Negra, Neruda tiene su tierra esperándolo. Allí crece la azucena rosada y el dondiego de la noche. Hay una iglesia de campo, y tumbas con reja de madera y coronas de papel crepé. El océano trae en la noche ciertas humedades salinas que hacen dar saltos a las docas y pelargonios.

Pablo Neruda –coincidentes o discrepantes con sus devociones políticas– es un poeta que pertenece a lo mejor de Chile. Sus restos no deberían andar sometidos a caprichos de personas, alojados y desalojados. Hizo por su tierra lo que hacen los poetas: amarla. ¿No podrían, ahora, devolverlo a ésta?

"Del nicho helado en que los hombres te pusieron", montescos y capuletos, todos, deberíamos llevarte a esa colina de El Totoral, humilde y soleada. Porque, aunque la cabeza solía rechazarte, hace ya rato que nos habías ganado el corazón.

Ricardo Latcham, sin lugar a dudas, era quien más sabía
sobre la vida secreta y picaresca de los escritores chilenos, y de gran parte de los hispanoamericanos. Tenía
anécdotas graciosísimas sobre el arte amatorio de Alfonso Reyes o Jorge Amado. Sus favoritos, entre los nacionales, eran Alone, Préndez Saldías, Tito Mundt, Augusto
Iglesias. Es posible que inventara bastante. Una vez me
confesó haber seguido a Joaquín Edwards Bello por Alameda hasta la calle Londres, y haberle visto juntarse con
una ninfa más o menos nocturna, y perderse en ese barrio
de lujuria. Anécdota, posiblemente, falsa. Latcham andaba lentamente. Edwards, muy rápido. Leí, no ha mucho,
Recuerdos y pájaros, de Enrique Bunster. Este libro publicado en 1968 por la Editorial del Pacífico (a propósito,
¿qué se hizo de esa Editorial? ¿Dónde está?) contiene variadas crónicas y anécdotas. Bunster escribe bien, con
amenidad. Eutrapélico. Dice que González Vera le
aseguró una vez:

"Un escritor demora veinte años en llegar a escribir
correctamente." Después, viéndolo tan desanimado (era
en ese entonces Bunster muy joven) redujo la condena:
"Si está muy bien dotado, demorará menos: digamos,
dieciocho o diecinueve..."

En desorden, recordemos algunas historias que Bunster exhuma:

–Eduardo Anguita rechazando la inclusión de la poesía de Gabriela Mistral en la *Antología de poesía chilena
nueva*. (Vicente Huidobro había sugerido el nombre).

–Pablo de Rokha, enfurecido con furia oceánica,

cuando finalmente apareció publicado el libro donde su obra era destacada "–Es un artista –dice de él Huidobro–, maneja la pluma como Dubois manejaba el laque..."

–Huidobro paseándose por el centro de Santiago con un bastón estoque, muy elegante, buscando a Diego Muñoz, a quien llamaba "el policía", porque éste trabajaba entonces en la Dirección de Prisiones. Altazor Huidobro aseguraba a todo el mundo que traspasaría a Diego Muñoz, de repente, para vengarse de unas bofetadas que éste le había dado "por cuestiones literarias".

–De Rokha vomitando cólera: sobre Neruda "el poeta de la decadencia burguesa, el poeta de los fermentos y los estercoleros del espíritu..." A Eduardo Anguita lo califica como: "Sacristán, monaguillo y paniagudo del Pontífice (Huidobro)." A Ángel Cruchaga Santa María le reprocha "sus angelitos y virgencitas, y esa gelatina rubia y celeste..." De Rosamel del Valle dice: "Caracol con cara de guagua de peluquero; tiburón que escribe varios idiomas juntos y habla un inglés más francés que alemán..."

Pero es a Vicente Huidobro a quien dispara De Rokha con su mejor pólvora: "...pequeño gran burgués, *meteque*, que toma contacto y ligazón con la Europa imperialista y su arte de bagaje agónico..."

En la triste y célebre polémica que surge a raíz de la publicación de la Antología, Huidobro y De Rokha se dan como fieras. "No he tomado arte ni parte en la realización de esta obra", asegura Huidobro, "De Rokha ha intervenido más que yo, puesto que quiso obligar a incluir poemas de su señora..."

"Ya te he dicho, Vicente Huidobro, que tu arte es un *pastiche*... expresado en la pelea del bufón y el artista, del histrión y el poeta que coexisten en ti..."

"No has respondido a nada... sigues en el plano de los alaridos huecos..." "No tengo por qué hablar de tus poemas de infancia, escritos hasta el mes pasado...", replica Huidobro. Agrega: "–Y tu *Jesucristo*, a pesar de los rellenos seudo-revolucionarios que le has agregado, sigue siendo un poema de beatito diablo..."

De Rokha: "No voy a continuar golpeándote; me da flojera y asco, Vicentillo... Declamas y berreas tanto que tus *afirmaciones* y *bufonadas* se deshacen y quedas desnudo de dignidad, pataleando, gordo, rosado, tontón, 'inefable' como guagua de rico... Ya me aburrió la historia ésta, Vicentillo. Además, no soy un cobarde como para pegarle en el suelo a una gallina que cacarea porque dice que ha puesto un huevo en Europa..."

Huidobro: "Terminas tu polémica como era de esperar: en un gran amasijo de baba verde..." ..."Pobre Pablico: estabas habituado a chillar y falsificar... creías que ibas a seguir en tu oficio sin que nunca te pasara nada y sin que jamás te dieran un revolcón..." "...Esta lección te servirá de experiencia. Además, era necesario limpiar el ambiente de un escorpión venenoso..." "Eres tan tonto que en cuarenta y dos años todavía no te has dado cuenta de que eres tonto..."

Se dijeron de una a mil. En ratos libres De Rokha las emprendía contra Neruda. Huidobro, también. El triángulo De Rokha-Neruda-Huidobro, agota los epítetos del ataque literario y personal, en cierto momento de nuestra literatura. ¿Cabían los tres en el territorio de nuestra poesía? Recordemos otra polémica sangrienta entre escritores: Mahfud Massis y Jorge Onfray.

Nos cuenta Bunster que después de pelear durante un par de meses, un día De Rokha y Huidobro se encontraron en la calle, lustrándose los zapatos, y se saludaron muy amables y comenzaron a hablar como viejos camaradas.

La *Antología de la poesía nueva*, de Anguita y Teitelboim. He visto fotos. Anguita está igual. El otro era un flaco de abundante cabellera rizada, colorina... Volodia. En los dos brillaba la llama.

Bunster hace bien en recoger estas historias, en mezclar recuerdos con pájaros, verdades con mitos. Ya pasó el tiempo del heroísmo, del duelo, de la nobleza, de la agresión. Ahora, los escritores son todos empleados públicos, que no se rozan, que se saludan con obsequiosidad, y que sueñan con una inminente jubilación.

En un programa especialmente preparado, con la intervención de Thor Heyerdahl y Edward Albee. Neruda lee sus poemas y la televisión los reparte por el mundo. Su inglés es incomprensible. Fonéticamente es una locura, a la cual se le añade el lánguido sonido de Temuco. Poesía secreta. El poeta irradia y traspasa. Y su traductor Ben Bellit no es de los mejores. Inventa.

NERUDA Y GARCÍA LORCA

¡Qué amigo de sus amigos!
¡Qué enemigo de enemigos!

Se conocieron el 13 de octubre de 1933 en casa de Pablo Rojas Paz, Buenos Aires, Argentina. Neruda trabajaba en el Consulado, bajo las órdenes de don Sócrates Aguirre. Lorca era pequeño, azafranado y de ojos negros. Pómulos alzados y bella riza andaluza. Neruda, más alto. Todavía delgado y de calva en desarrollo. Unidos por la poesía, cantaban y bailaban. Cuesta imaginarse a Neruda como lo describe Margarita Aguirre, vestido de viejo de Pascua o de marinero, o leyendo entre gritos y carcajadas el "Discurso al Alimón sobre Rubén Darío" (Pen Club, Buenos Aires, primavera 1934).

A fines de ese mismo año Neruda ya está en Madrid como cónsul de Chile. Larga es la noche de la Villa, y muchos los villanos dispuestos a matarla despacio entre cervezas, vinos, quesos manchegos, calamares a la romana, horchata de chufas, y el chocolate con churros del amanecer. De café en tahona, el grupo de poetas, con Federico a la cabeza y Neruda a la retaguardia, inventando el absurdo poético, la broma telefónica al filo del alba a Juan Ramón Jiménez (Voz de guagua o "crío" de Federico, o acaso el propio Pablo: *Te habla Georgina Hubner desde el cielo, viejo idiota... ¡Tú me envenenaste!* Crueles como niños, respuesta acaso de Neruda al juicio de Juan Ramón sobre su obra: *Un gran mal poeta.*

En la lista de Federico García Lorca figuraban, además, don Pío Baroja ("Esta noche vamos a hacer rabiar a don Pío"), don Miguel de Unamuno, ciudadano de poco humor y muy malas pulgas, y hasta el "maestro" Ortega. Fuera de la folclórica colonia hispanoamericana. Hay algo que entronca a Lorca con Huidobro, y es ese lado "infantil", de niños malvados e inocentes.

Sobre Neruda las imágenes parecen desmentir éste, su tiempo de juegos. Imagen fija, para mí: calvo, gordo, pesado y melancólico. Hago un esfuerzo para imaginármelo ágil, rápido, irónico. En casa de Morla Lynch, Neruda lee y lee. Federico canta algunos de sus poemas de *Cante jondo*. Se acompaña a la guitarra. O al piano. Canta sus poemas zapateándolos, como el más endemoniado flamenco, con una pata epiléptica. La guerra se aproxima. García Lorca tiene sueños premonitorios. Una noche, en una aldea de Extremadura, al alba, entre nieblas, está esperando el sol. Le rodean estatuas rotas, torsos destrozados de mármol. De pronto ve un corderito que pasta junto a él. Luego, una piara de cerdos negros que se lanzan contra el corderito, lo despedazan y lo devoran.

En julio de 1936 se habían dado una cita para asistir a una función de circo en Madrid. Pero Federico, trapecista sin red, tenía que trabajar en Granada.

Ya sus poesías se interpenetran. Las sombras que trae Neruda (es el mejor de todos los Nerudas: el de las residencias) quedan temblando en el aire. Las risas y luces de Lorca hacen más aéreas estas casas surrealistas (surrealismo a la chilena, de humor negro y triste), de Neruda. Lorca, generoso sin medida, hace crecer al poeta chileno, y según Jorge Guillén (contado a Pedro Henríquez Ureña):

"–¿Sabe usted quién inventó a Neruda?

"–...

"–¡García Lorca!

"–..."

"–Sí, de España salió con mucha más fama de la que tenía cuando llegó a Madrid."

¿Excesos? ¿Celos? ¿De nuevo Rubén Darío? ¿De nuevo, de las Indias, de las Colonias, venía alguien a *enseñarles* cómo hacer poesía? Guillén, Juan Ramón, Vicente Aleixandre, Cernuda, no lo querían. Pero había otros, los jóvenes deslumbrados por este saurio, Neruda fue amigo de Lorca hasta el fin, de ese gitanillo *vestido de durazno, cuando ríes con risa de arroz huracanado.*

Neruda revive en Temuco. "Eres completamente de Temuco" le espetó Pablo de Rokha, a modo de insulto. Es el mayor elogio que pudo haberle hecho. El liceo donde estudió llegó a ser bautizado "Pablo Neruda". Durante la dictadura, le quitaron el nombre. Cuando Neruda con Federico García Lorca, en Buenos Aires, 1933, pronuncian su famoso discurso "al alimón" se preguntan por la calle Rubén Darío, la plaza, el parque Rubén Darío. Idéntica interrogación podríamos formularnos hoy respecto de nuestro segundo Premio Nobel (un Premio Nobel equivale y tal vez con méritos mayores, a un Campeonato Mundial de Fútbol) para descubrir que tales homenajes aún no existen. Pero esta pregunta tiene una respuesta rica: la memoria de Neruda la guardan sus amigos, sus lectores, las nuevas generaciones, los que se enamoraron leyéndolo y recitándolo, y los que se enamorarán hoy como entonces. ¡Cuanta gente no debe ese "sí" que les cambió la vida, a uno de los versos de los *Veinte poemas*!

El río interminable

Dos sobrinos-nietos del poeta están entre quienes cuidan su residencia en la tierra. El primero, Bernardo Reyes, como su tío abuelo, escribe poesía. Ha publicado en diversas revistas y prepara sus primeros libros, buscando un lenguaje original, huyendo del enorme influjo que podría fácilmente caer sobre su obra, del aluvional Neruda lírico.

El segundo, Rafael Aguayo, profesor de la Universidad Católica de Temuco, mantiene un taller "Amigos de Neruda"; es conservador de un valioso archivo de inéditos del poeta, y para celebrar los 78 años de su nacimiento, preparó en dicha Universidad con sus alumnos una Exposición Bibliográfica con un rico y novedoso material (10 fotografías, todos sus libros, fotocopias de poemas, cartas y postales y 100 poemas manuscritos. Amén de 200 recortes de prensa).

Tal vez lo más valioso es la Biblioteca Neruda, que pertenece al propio Rafael Aguayo, y que contiene la obra publicada del poeta, muchos dedicados por Pablo a su hermana Laura y otros parientes y amigos. Entre ediciones originales, reediciones, ediciones de homenaje, traducciones a múltiples idiomas del mundo, esta colección alcanza a ciento noventa y cuatro libros, que dan idea cabal de la universalidad que alcanzó la poesía de Pablo Neruda.

Los "Cuadernos de Temuco"

Una parte curiosísima de su trabajo la constituyen los manuscritos de su juventud guardados por su hermana Laura durante más de 50 años, y conocidos como los "Cuadernos de Temuco". Reúnen originales y copias de poemas de otros autores, entre los años 1918 a 1920. Laura facilitó parte de este material a Raúl Silva Castro y Hernán Loyola. Este último trascribió fragmentos. Unos veinte se publicaron entre 1918 y 1922. Pero, la gran mayoría, unos cien poemas, aún permanecen inéditos.

Loyola clasificó este material dividiéndolo en "Cuaderno Neftalí Reyes" (1918-1920, 319 páginas, 13 poemas de otros autores y 150 originales). Y al segundo volumen de 78 páginas y 33 poemas originales, lo denominó "Helios" (1920).

Quedó un tercer cuaderno en poder de Laura Reyes que ésta dejó en legado a Rafael Aguayo y donde figuraría "el primer poema escrito por Neruda". Denominado por Aguayo "Cuaderno de Recuerdos" (1918-1919), contiene casi exclusivamente copia de poemas de poetas que Neruda admiraba.

Temuco en el corazón

Toda esta poesía, la primerísima y la postrera, no hace sino hablar de su viejo amor: La Frontera. Habrá interludios troni-tonantes, políticos, arengas contingentes, excursiones misteriosas por territorios surrealistas, pero en lo que permanece y dura, en lo que funda, identifica y revela, la huella de esta Araucanía húmeda y lluviosa persiste viva y creadora, la *cuna silvestre de la Poesía, atacada y defendida por toda la naturaleza.*

La puerta en el crepúsculo, / en verano. / Las últimas carretas / de los indios / una luz indecisa / y el humo / de la selva quemada / que llega hasta las calles / con los aromos rojos, / la ceniza / del incendio distante.

Las furias y las penas

¿Cómo fue? ¿Quién era? ¿Qué hacía este niño? La dura Frontera de comienzos de siglo no parecía territorio adecuado para engendrar un poeta. Traía marcas y estigmas. Su madre, Rosa Neftalí Basoalto, profesora de la Escuela

58

de Niñas N° 2 de Parral, muere a los 39 años, poco después de colocarlo en la luz cenicienta del mundo.

Era una señora vestida de negro, delgada y pensativa. Me han dicho que escribía versos, pero nunca he visto nada de ella, sino aquel hermoso retrato –dirá Neruda, luego. *Sin que yo la recuerde, sin saber que la miré con mis ojos* –dice el poeta. Para ella escribirá estos versos: *Me llevaron a ver entre las tumbas / el sueño de mi madre / y como nunca vi su cara / la llamé entre los muertos para verla...*

En "Helios" (de los "Cuadernos de Temuco") dirá –¿qué edad tendría entonces, 16, 17 años?–: *Cuando nací mi madre se moría / con una santidad de ánima en pena.*

La mamamadre, el terrible don José

La segunda esposa de don José del Carmen, Trinidad Candia, fue su "mamamadre": *de aquellas / dulces manos / que cortaron del saco de la harina / los calzoncillos de mi infancia / de la que cocinó, planchó, lavó, / sembró, calmó la fiebre / y cuando todo estuvo hecho, / y ya podía / yo sostenerme con los pies seguros / se fue, cumplida, oscura, / al pequeño ataúd / donde por vez primera estuvo ociosa / bajo la dura lluvia de Temuco.*

Su padre no quería un hijo-poeta. Tuvo con él la relación pasión-odio de Kafka con el suyo, de Klaus Mann con Thomas. Cuando Neftalí interrumpe sus estudios de francés, don José le suspende la ayuda económica y casi se lo come. Lo quería profesor. Nunca entendió para qué servía un poeta, un premio Nobel. *Su vida fue una rápida milicia / y entre su madrugar y sus caminos / entre llegar para salir corriendo / un día con más lluvia que otros días /*

el conductor José del Carmen Reyes / subió al tren de la
muerte y hasta ahora no ha vuelto.

El niño escondido en el hombre

Claves para entenderlo. "Un chiquillo muy flaco, muy
serio, con un aire ausente" (Diego Muñoz, cuando vio a
Neruda de 11 años en el Liceo de Temuco).

"Era un muchachito delgadísimo de color pálido terroso, muy narigón." (J. S. González Vera, cuando
Neruda cursaba el sexto año del Liceo).

"Yo lo conocí muchacho en su pueblo del sur..."
"...Neruda creció mirando un paisaje que diariamente, en
todo el año, recibe la amargura de la lluvia" (Gabriela
Mistral).

Y el padre, que da esta curiosa visión del niño-poeta:

"Neftalí era un niño de carácter tímido y muy enfer-
mizo. La mayor parte del tiempo la pasaba en cama; era
tan débil que hasta temimos por su vida."

Le decían El Pavo, por su capa ancha, ferroviaria, y
por su negro corbatín. Le decían Canilla y El Jote en el
colegio. Otros, El Poeta.

"En nuestro tiempo eran condiscípulos suyos Gerardo
Seguel y Norberto Pinilla. Con éste jugaba al fútbol. Era
malísimo" –declara J. S. González Vera. Por su parte,
otro de sus compañeros de Liceo, Alejandro Serani, dice:
"No obstante que él era muy ajeno a toda actividad física,
empezó a jugar fútbol y llegó a ser un sobresaliente jugador."

Un niño que quiere ser poeta ¡Y en esa Frontera! Y
que llena cuadernos y cuadernos con versos. Y que sueña

con volar y perderse en el ancho mundo. Y que a los 15 años escribe:

> Tomar el desayuno, irse corriendo
> repasando en la mente la lección que hay que dar.
> Después oír la charla de los otros sintiendo
> unas secretas ansias de llorar y llorar...
> ¡Niños! ¡Todos iguales!

AQUÍ CUATRO TESTIGOS DE SU INFANCIA Y ADOLESCENCIA NOS CUENTAN SOBRE ESTE RICARDO ELIÉCER NEFTALÍ REYES BASOALTO CUANDO VIVÍA EN TEMUCO

UNO. Federico May. 71 años, constructor, 1.90 de estatura, fuerte como un alerce, experto en crenoterapia (utilización de aguas termales para curar enfermedades). Asegura que las mejores son las de Copahue, de Los Ángeles hacia la cordillera. Afirma conocer palmo a palmo la Araucanía.

–*¿Neruda?*

–Mi hermano Otto fue compañero suyo en el Liceo. Neftalí era introvertido, inquieto y silencioso.

–*¿El poeta político?*

–No me entusiasma. El Neruda de Stalingrado "se cayó".

–*¿Le gusta la poesía?*

–Mucho. Soy traductor de Goethe.

–*¿Qué es la poesía?*

–Expresión de un estado anímico. Todos tienen estos estados, pero pocos saben comunicarlos.

DOS. Roberto Salazar Montoña. 85 años. Ensayista, periodista, 6 hijos, diecisiete nietos, once bisnietos. Nació en Angol, en "Huequén", un barrio ilustre. Recuerda a su profesor y Director de la Escuela N° 2 de esa ciudad, Manuel Antonio Neculmán, hijo del cacique Juan de Dios Neculmán. En 1906, llega a Temuco.

–Conocí al padre de Neftalí primero. Él tenía a su cargo la bodega de los ferrocarriles. La Estación estaba en Lautaro con Matte. Allí vivían.

–*¿Y Neftalí?*

–Estábamos en plena guerra del 14. Nos hicimos amigos. La Blanca Hausser Venegas vivía en Montt con Prat. El Tito Hausser tenía el Restaurante Hausser donde a veces nos invitaban. Estaba Armando Moraga, que tocó a los 12 años piano en La Moneda y fue becado a Alemania como el nuevo Arrau. Su padre, don Héctor, enseñó piano aquí hasta 1935.

–*Sí, bien, pero, Neruda... ¿Había novias?*

–No. No le recuerdo con niña alguna. Era como un cabro volado. Después del año 20 no le vi más. Yo regresé de Valdivia y él ya se había ido.

–*¿El poeta-periodista?*

–En el Liceo sacábamos una especie de revista. Y Neftalí estuvo a cargo de *La Mañana*, un diario de Orlando Masson, que después le quemaron, y que financiaba don Enrique Mac-Iver Ross. Estaba Gerardo Seguel, que murió atropellado, y Enrique Santander y Víctor Oyarce (Orion), a este último, dibujante, se lo llevaron a Buenos Aires.

–*¿Qué le interesó en el Neruda romántico?*

–Me llamó la atención que tuvo tantas mujeres sin ninguna consecuencia práctica.

–*¿Cómo es eso?*

–No tuvo hijos, con tantas esposas... A todos esos intelectuales les pasa lo mismo: son malos maridos. Como Armando Moraga. Porque, ¡mire señor! a las mujeres no les gusta que las despierten a medianoche para ponerse a tocar piano o a escribir...

Sin duda nuestro entrevistado ignora que el 4 de octubre de 1934, en Madrid, nació Malva Marina, hija de Pablo Neruda y María Antonieta Haagenar, su primera esposa.

–*Su poeta preferido.*

63

—A mí me gusta Andrés Bello.

—*¿Qué es para usted la poesía?*

—Es como un sedante... cuando era joven.

—*¿Y ahora?*

—¡Me pasa lo mismo! ¡Me tranquiliza!

—*¿Conoce algún poeta araucano?*

—Pascual Coña. Coña quiere decir grande. Los Padres Capuchinos le publicaron sus libros en Alemania. Nació en Puerto Saavedra. Los capuchinos eran bávaros e italianos, publicaban en lengua mapuche los textos, en Europa, y luego los regalaban por aquí...

TRES. Luis Humberto Cerda Martínez, 79 años. Vive en una modesta casita de madera, en las afueras de Temuco, próximo al río Cautín y a sus desbordes. No tenía luz hasta hace poco. La evocación de su amigo Neftalí le hace revivir en medio de su soledad que sólo rompe un gato flacuchento.

—En marzo de 1914 ingresamos al Liceo, sin amigos, como pollos en corral ajeno. Yo conocía al padre, don José del Carmen. Neftalí era malazo para el fútbol, no le pegaba a la pelota para nada. Hacíamos excursiones, íbamos a cachetearnos al río, a buscar hierbas, insectos...

—*¿Enamorado?*

—No. Ninguno. El vicio nuestro era comprar *El Sur* que valía 20 centavos. Poníamos 10 cada uno. Para saber de la guerra. Teníamos una "casera" que hacía "berlines". Yo vivía en Portales con Cruz y llegaba tarde al Liceo, cuando ya habían cerrado la puerta. Me iba donde la señora. Ella también tenía buena mano para los picarones, a 5 centavos el picarón, llevaba amigos y comíamos al fiado. Llegué a deberle como 25 pesos, que finalmente le pagué.

—*¿Leían mucho con Neruda?*

–Neftalí era aplicado, aficionado a los libros, a Julio Verne y a las cabalgadas de Lagardere y cosas científicas. No... no nos preocupábamos de cosas amorosas...

–*¿Un niño travieso?*

–Muy tranquilo. Malo para los puñetes. Una vez, en primer año cuando nos dieron mesas nuevas, comenzamos a empujarnos todo el curso y yo "rempujé" fuerte a Neftalí que cayó y se "golpió" y se anduvo desmayando. Fue en clase de inglés, y el profesor, un gringo bien gringo, gritaba: *¡No tiene vida! ¡Sáquenlo pa'fuera!*

(Luego, don Luis hace memorias varias. Talabartero y tapizador como su padre. Dos hijos, "uno murió y la otra está por ahí", ocho nietos, catorce bisnietos. De Temuco se fue a Freire y le puso el hombro al trabajo. Nunca más supo de Neftalí.)

–Tuve buenas pegas, yo tapicé el "Antumalal" que le dicen, lo hice solito, tapicé como ocho livings para que viniera la Reina a sentarse, con "frezada" que era gruesa, uno la corta y se abre, había que poner inteligencia...

Editores

Con Neftalí hacíamos un diario, que eran 10 hojas de cuadernos, era "pelambrero" y se llamaba, creo *Harnerito*. Pedíamos 40 centavos por leerlo, y con eso nos ayudábamos para los berlineses y picarones, porque éramos de una pobreza franciscana.

–*¿Conoció el Café Ianichevsky?*

–Estaba en Bulnes, entre Montt y Portales. Con Carlos éramos amigos desde las preparatorias. A veces íbamos al café a leer poesía. Me gustan los versos, pero con rima, no los sin ton ni son, como algunos que escribía Neftalí...

–¿Qué hacían para entretenerse?

–Íbamos al Teatro Variedades en Cruz con Montt y al Tepper, en Portales con Prat, a ver películas. Don Galo Sepúlveda nos dejaba entrar gratis a veces; allí vimos *Quo Vadis* y *El monje*, que era la poesía de P. A. González en película, todo mudo, con piano...

Pablo, ¿canuto?

(Un estudioso advirtió que el verso "esta iglesia no tiene lampadario votivo" podría sugerir el que el poeta, vinculado a la familia Masson, que eran protestantes, frecuentaba de adolescente alguna iglesia evangélica.)

–¿Fue evangélico Neruda?

–No estoy seguro. Era amigo de Gerardo Seguel y de la familia Seguel, que eran todos canutos. El año 1910 vino Canut de Bon a Temuco con dos carros de tren repletos de Biblias que comenzó a regalar a todos, y mi abuelita que era presidenta del Corazón de María y todos nosotros, recogíamos las Biblias herejes y las quemábamos, estuvimos varios días quemando Biblias... También vino el Cristo de Elqui, pero nadie le creía mucho al Cristo...

CUATRO. Teresa Toledo Conteras, 80 años (circa), viuda de Rodolfo Reyes Contreras, hermanastro de Neruda.

–¿Tuvo Neruda alguna novia en Temuco?

–Novia, no. Pero enamoró a la Teresita Vásquez, que era una española que cantaba muy bien. La tuvo muy entusiasmada. Fue para una velada bufa, cuando Neftalí salió vestido de Pierrot todo de blanco, y ella de "colombiana". Él recitó el "Poema 20" en el teatro Tepper. Ella estaba ilusionada y lo esperó cuando se fue a la capital y como él le seguía escribiendo cartas de amor, hasta cuando ya se había casado creo que le escribía, ¿para qué haría eso, digo yo? La Teresita sufrió mucho, se casó finalmente y se murió poco después.

—¿*Fumaba Neruda? ¿Bebía?*

—No. Mi suegro era muy estricto. No lo dejaba.

—¿*Guarda originales o primeras ediciones del poeta?*

—Neftalí siempre me enviaba un ejemplar dedicado de cada libro que publicaba. Y también me regaló poemas manuscritos, pero la Cristina que era una hermanita de mi padre, encendía el fuego en la mañana con estos papeles y con los libros y cuando nos dimos cuenta ya no quedaba casi nada...

Francisco tenía siete años. Margarita, ocho. "Nos visitaba frecuente-
mente –recuerda Paco–. Pienso que en los Aguirre encontró una fa-
milia, lo que necesitaba entonces; una familia forjada en el exilio y
todos nos hicimos parientes. Buenos parientes. Parientes para siempre.
Nos enseñó a asombrarnos de todo para que no nos asombráramos de
nada. A reírnos con los ojos, con la boca, con las manos. Nosotros, con
nuestra media lengua, lo transformamos de poeta en profeta. Y así
pedía que le llamáramos."

Neruda en creciente. Mientras tantos poetas vivos pade-
cen de anemia perniciosa, a Neruda le sobra sangre, gló-
bulos blancos, azules, verdes y rojos. Estos últimos ya no
son políticos. El viento se llevó toda la paja molida y pi-
cada, los cantos de amor y los yo acuso y las furias. Dejó
melancolías, penas, nostalgias, visiones y previsiones.

Murió hace años. Todo está dicho sobre él y su obra.
¿Todo? ¿Cómo era en verdad este poeta? El bronce, las
corazas, medallas, prestigios y esplendores con que el
hombre deshumaniza lo que admira, casi no han dejado
hueso vivo de Neruda. Excesivamente sacro y eterno.

Pero, ese ser humano...

Yo lo conocí

Margarita Aguirre es una escritora chilena. Vive en
Buenos Aires. Publicó tres novelas, una de ellas premio
Emecé. Fue su amiga y su secretaria. Lo conoció cuando
tenía ocho años. Una de sus muchas obras ha sido *Las*

vidas de Pablo Neruda, texto fundamental para entenderlo. Este libro lleva tres ediciones Eudeba, una de Grijalbo y una de Zig-Zag, totalizando 85 000 ejemplares. Nadie como Margarita, hoy de paso "saudadesco" por Chile, para revelarnos ciertas minucias.

—Le gustaba bailar "Sobre las olas".

—*¿Con quien?*

—Con María Luisa Bombal. Mi padre era cónsul en Buenos Aires y Neruda acababa de llegar a trabajar con él.

—*¿Sabía bailar cueca?*

—No.

(Curiosamente ni la Mistral ni Neruda supieron jamás bailar cueca, hasta donde nuestra información alcanza. Lo que no fue obstáculo para sus carreras diplomáticas.)

—*¿Roncaba?*

—Sí. Y fuerte.

—*Evoque el primer momento en que le viera.*

—Llegó con mi papá a nuestra casa en el barrio Caballito. Era delgado y con unos ojos muy tiernos.

—*¿Qué te impresionó en él?*

—Su mujer. Medía dos metros. Con mi hermano Paco nos espantamos. No le sacábamos la vista de encima. Se quedó a comer, pero a nosotros nos enviaron a la cama temprano.

(Se refiere a su primera esposa, María Antonieta Haagenar.)

—*¿Salía mucho Pablo?*

—Muy seguido. Con mis padres y María Luisa Bombal. Iban a comer a El Pescadito y otros restaurantes de La Boca. Lo veía a veces en el Consulado, en Diagonal Norte al 500. Me regalaba lápices, sacapuntas. Una vez me mostró una foto que acababan de tomarse con

Federico García Lorca, vestidos de marineros. *¿Cuál es el tío Pablo?* —me preguntó con cara pícara.

Santa Claus

—Para una Navidad comimos todos en casa. Como a la medianoche desapareció Neruda. No nos dimos cuenta. Timbre. Apareció el poeta vestido con una bata roja, de toalla, y con barbas de algodón pegadas a la cara. Empezó a hablarnos en inglés. Traía un atado al hombro envuelto en una sábana. Un tren eléctrico para mi hermano Paco, una muñeca grande para mí, "Marilú", y para Perla, que era una guagua, un juguete que no recuerdo... Lo descubrimos de inmediato bajo el disfraz...

—*¿Leía usted ya su poesía?*

—Yo decía "voy a ser poeta igual que el tío Pablo". Empecé escribiendo poesía. Eran muy malas.

—*¿Estuvo enamorado Neruda de la Bombal?*

—Creo, ahora, que entre los dos hubo algo sentimental.

—*¿Lo vio usted alguna vez bailar tango?*

—No. Creo que no sabía hacerlo. Entonces me impresionó mucho su departamento, en Corrientes al 500, lleno de muebles cromados y con una cama de laca color celeste entre tubos redondos. No entendía cómo podía dormir allí Maruca. Mi padre le compró la famosa cama cuando los Neruda se fueron a España. Bebía whisky Vat 69 y champagne Pommery.

—*¿Fumaba?*

—Sí, Chesterfield. Ocasionalmente, pipa. Nosotros teníamos una institutriz irlandesa, Miss Mary. Años después siempre nos preguntaba por Mr. Neruda, agregando *He was so kind*... un poco melancólicamente.

–*¿Escritores de ese tiempo?*

–A la casa, por rebalse, llegaban los amigos de Pablo. Junto a la Bombal, Augusto M. Delfino, Oliverio Girondo, Norah Lange, los Rojas Paz. No vi nunca a García Lorca, a quien Pablo acababa de conocer en casa de Pablo Rojas Paz, el 13 de octubre. Era 1933. Nosotros, unos niños chicos que mirábamos desde lejos. Al año siguiente Pablo fue nombrado cónsul en Barcelona. En Madrid nació su hija Malvamarina. Supe que era una niñita enferma. Murió de más de diez años. Nunca vi nada de ella, ni siquiera su fotografía. Luis Enrique Délano la describió como "un ser dulce, pálido..." y Pablo, en un estremecedor poema, dice de su sola hija: *y por una sonrisa que no crece, por una boca dulce, / por unos dedos que el rosal quisiera / escribo este poema que sólo es un lamento, / solamente un lamento...*

Navegaciones y regresos

Pasan los años. Margarita crece. Neruda ya es un gran poeta hispánico.

–Yo tenía diecisiete años. 1943. Fuimos con mi mamá a dos conferencias que Pablo dio en el auditorium de la Radio Minería, tituladas "Viaje alrededor de mi poesía" y "Viaje al corazón de Quevedo". En una de ellas Pablo soltó una paloma.

–*¿La reconoció?*

–Sí, de inmediato. Nos presentó a su nueva esposa, Delia del Carril, que había visto por primera vez en casa de Morla Lynch, en Madrid, en 1934. Nos convidó a comer.

–*¿Fueron?*

–No. Vivía en Los Guindos. Mi mamá había querido mucho a Maruca. No le gustó Delia. Neruda acababa de editar *Canto general*. Venía de Nueva York y México. Me invitaron a un curanto donde un arquitecto amigo de él, Meza, creo que se llamaba. Luego, a un asado de cordero en su nueva casa en Isla Negra. Estaban los Leng, Manuel Solimano, mucha gente. Ahí empezó de verdad mi amistad con Pablo.

Perseguido por la Ley Maldita

El 4 de marzo de 1945 Neruda es elegido senador por Tarapacá y Antofagasta. El 8 de julio ingresa al Partido Comunista de Chile. De fervoroso partidario del entonces presidente Gabriel González Videla (contribuyó a elegirlo con su audición radial "Y el Pueblo te llama, Gabriel") se transforma, por disciplinado acato a la presión partidaria, en su más enconado enemigo. En 1947 publica en *El Nacional*, de Caracas, de su amigo Miguel Otero Silva, su "Carta íntima para millones de hombres". Gabriel González se ve obligado a iniciarle un juicio político. El 6 de enero de 1948 Neruda, cada vez más opositor, pronuncia en el Senado su discurso "Yo acuso". El 3 de febrero lo desafueran y ordenan su detención. Neruda se oculta en diversas casas en Santiago.

Este capítulo es curioso. Le escuché de sus propios labios a Gabriel González lo siguiente: *Cada tarde venía el Director General de Investigaciones a informarme en La Moneda sobre Neruda. Dónde estaba oculto ese día y a quién había visto. Yo le decía: Sigan vigilándolo, pero no lo detengan ni lo incomoden.*

El teatro que hizo Pablo (era teatrero) fue enorme.

Sacó un gran discípulo: Gabriel García Márquez. Trató de huir con Delia en el auto de la Embajada de México. En Los Andes los obligaron a regresar sin detenerlos. Se dirigió al sur, en caravana de autos, con amigos. Pernoctó en la parcela de Julio Vega, contador, en Santa Ana de Chena. Luego, a un fundo maderero de Los Ángeles, hacia la cordillera, de propiedad de José Rodríguez, oligarca derechista, rey del alerce y el mañío. Este aserradero lo administraba Jorge Bellet (alias El Burro). José Rodríguez era amigo personal de Gabriel González, pero no dijo nada. Ayudó en cambio a Neruda a cruzar en mula hacia Argentina. Esta es "la verdad de la milanesa". Neruda nunca estuvo detenido en Chile, porque Gabriel González decidió respetarlo. ¿Merecía ese respeto? Hay opiniones de muchas índoles. Neruda buscó la guerra, le peleó el odio a González Videla. Necesitaba salir de Chile con cierta aura de mártir, de perseguido. Pienso que tuvo más de una desilusión al respecto. Aunque cuando llega a París, triunfante (25 de abril de 1949) al Primer Congreso Mundial de Partidarios de la Paz, es recibido como si viniera escapando de las más aterradoras ergástulas nacionales.

Cuando realmente estuvo preso

Este episodio es inédito. Nos lo cuenta Margarita.

–Fue en tiempos de la "Revolución Libertadora" en Buenos Aires, en 1957. Se hizo una "razzia" a todo el Partido Comunista. Mi esposo, Rodolfo Araos Alfaro, era entonces el apoderado general del Partido. Su amigo y candidato presidencial Frondizi le pasó el soplo.

–¿Y Neruda?

–Acababa de llegar con Matilde. Vivíamos en la calle Junín. Rodolfo salió a avisarles a sus camaradas. Neruda: *No puede ser que en este momento hagan una represión.* No creyó nada. Se acostó a dormir hacia las once de la noche. A las doce llegaron. Policía uniformada y de civil. Se llevaron a Rodolfo. Entraron al dormitorio. *–¿Usted quién es?* Y Neruda, con su voz más dormida que nunca: *–Pablo Neruudaaa...* Pidieron instrucciones sobre qué hacer con ese señor. Informaron que *en casa de Araos Alfaro estaba el Nerhu.* Yo les explicaba que Neruda padecía de flebitis (era cierto) y que no podía caminar. De todas maneras se lo llevaron como a las tres de la mañana. Matilde lo ayudaba a vestirse. Yo entré, estaba muy nerviosa. Vi al poeta desnudo. Salí espantada...

–¿Por qué? ¿Era muy feo?

–No... no, por verlo así, desnudo, inerme. Apareció por fin muy elegante con abrigo de pelo de camello y bastón. Explicó: *–No puedo caminar.* Nuevos llamados por radio pidiendo una camilla. Pablo recordaría esto después, riéndose. Bajó cuatro pisos cómodamente instalado en una camilla. En esa época pesaba una enormidad. Los policías casi se infartan. En la Penitenciaría a donde lo llevaron lo revisó un médico confinándolo a la enfermería en carácter de incomunicado.

–¿Qué hicieron ustedes?

–Llamé al cónsul Espejo. Corrió a la cárcel, se encolerizó, amenazó hasta con pistola a los gendarmes. Nos comunicamos con Chile. Eran los tiempos de Ibáñez. Estuvo dos días detenido. Salió de buen ánimo. *–Lo pasé estupendo. Un preso me escribió un poema. La comida era excelente...* Fuimos a celebrar al Riobamba. Nos rodeaba una docena de policías de civil. Nos siguieron luego a

74

una librería y a una farmacia. Neruda al farmacéutico, mostrándolos: –*No, atienda primero a los señores...*

–*¿Fue la única vez en que estuvo preso?*

–La única.

–*¿En toda su vida?*

–En toda su vida.

Margarita Aguirre calla, se queda pensativa, como buscando en su memoria algo más que exhumar.

–Me decía Margot.

–*¿Por qué? ¿Por el tango? ¿Usaba usted boina azul?*

–Él mismo, en ese tiempo, se apodaba El Profeta. Producía escándalo en los restaurantes porque exigía los bifes muy quemados.

–*¿Sabía nadar?*

–No. En nuestra casa de campo en "Totoral", hace años, Matilde le trató de enseñar. Casi se ahoga. Fue un hombre generoso conmigo, preocupado de todo. Quería que siguiera escribiendo, me daba hasta argumentos de novela. De China me trajo este anillo, con una piedra lunar.

–*¿Cantaba?*

–Sí. Pero muy desafinado. Tenía mal oído.

Sorprende esto. El oído de Neruda para el idioma, para *le mot juste* fue excepcional. Utilizó un enorme órgano, de múltiples registros. Creó una retórica monumental, pero allí donde su poesía salió a luz, paradójicamente, tocó fondo. Tal vez le faltó sutileza, misterio, temblor lírico. Y le sobró fuerza, macrocosmismo discursivo. Bastan para defenderlo sus primeros libros de poeta flaco. Sus mariposas de otoño y sus crepúsculos de Maruri. Y para eternizarlo, sus "Residencias" y su "Macchu Picchu" ¡Qué poeta! *Yo vengo a hablar por vuestra boca muerta. / A través de la tierra juntad todos / los silenciosos labios derramados...*

Murió hace diez años. Acompañé a Margarita y Paco al Cementerio General. Colocaron allí unas flores.

Ya no son niños. Pero aún aman y agradecen a ese "tío Pablo" sus apariciones, risas y juegos, que les embellecieron la infancia.

—Todavía aquí— dice Margarita, casi con desconsuelo, mirando la modestísima sepultura. Y yo recuerdo, al paso, unos versos de su comadre Gabriela. No fueron escritos para él. Pero, ¡de qué manera este anillo se instala en este dedo, como acusando!

> *Del nicho helado en que los hombres te pusieron*
> *Te bajaré a la tierra humilde y soleada...*
> *¿No sería ya el tiempo de hacerlo?*

DE LA GLOTONERÍA DE NERUDA
Y PABLO DE ROKHA Y OTROS GUATONES,
A LA QUE SE AGREGAN POETAS
Y PROSISTAS DE BUEN DIENTE

Nicanor Parra es *flaco de nacimiento/ aunque devoto de la buena mesa*. En realidad no distingue entre una cazuela de vacuno y un boeuf bourguignon. Viene llegando de Montevideo, de un congreso de escritores. Antes, acababa de viajar a Holanda. Ahora, se apresta a otro encuentro literario, esta vez en las Islas Canarias.

–¿*Por qué viajas tanto, Nicanor?*

–Por los aviones. Siempre existe la esperanza de que se caiga el avión –responde con humor negro.

Y me cuenta que ha desarrollado un método perfecto para no perderse un solo congreso en los próximos cien años; y que consiste en cumplir al pie de la letra tres reglas sagradas:

a) Mantenerse en un rincón del congreso sin pronunciar discursos, presentar ponencias o rendir homenaje a nadie. Que sólo lo advierta, y apenas, el organizador del congreso;

b) Si alguien quiere entrevistarle, pedirle que todas las preguntas sean por escrito; y

c) No responder ninguna de estas preguntas.

Me asegura que este método –como esas pastillitas que endulzan diabéticos– no falla nunca.

De los malos comedores, EDUARDO ANGUITA (sopas de sémola, yogurt). JORGE MILLAS (uvas, café con leche con pan con mantequilla, sánguches de mortadela). ALONE (Hernán Díaz Arrieta) otro de magro comer, como sufriendo. Pero, el resto, ¡qué glotones! (me incluyo). Y entre todos, el Rey de los Manducadores: PABLO DE ROKHA.

Y el príncipe: PABLO NERUDA. Viajes internacionales refinaron al segundo Pablo. Viajes nacionales, al primero. Aunque ambos amaban la noble cocina criolla sobre todas las cosas.

El caldillo de congrio

Para celebrar los doce años de la muerte de Neruda (fue una celebración. ¿Habría sido, técnicamente mejor, haber recordado felizmente los doce años de su nacimiento?), la Sociedad de Escritores de Chile, presidida por el severo crítico Martín Cerda (buen engullidor de lomitos), organizó un acto que, en lo sustantivo, consistió en preparar en gigantescas cazuelas un caldillo de congrio siguiendo al pie de la letra la receta dada en sus "Odas Elementales" por Pablo Neruda.

Este caldillo, en cuya manufactura intervinieron muchos congrios, múltiples cabezas de pescado y la sabiduría de expertos *cordon bleu* (equipo que encabezaba la escritora Paz Molina) fue devorado mientras Inés Moreno recitaba la célebre oda. Es difícil comer pescado escuchando recitar a Inés Moreno. Escuchando recitar a cualquier poeta o recitador. Produce acidez. Pero, aún así, la efeméride fue todo un éxito. El potencioso brebaje llamó a mostos blancos, pipeños y vinos rosolíes. La SECH quedó más perfumada que una pulverizadora de anchoveta de Arica.

Pregunta: ¿Se siguió al pie de la letra la receta nerudiana? Aquí va:

En el mar/ tormentoso de Chile/ vive el rosado congrio/
gigante anguila/ de nevada carne/ Y en las ollas/ chilenas/
en la costa/ nació el caldillo/ grávido y suculento/ provecho-
so./ Lleven a la cocina/ el congrio desollado/ su piel mancha-
da cede/ como un guante/ y al descubierto queda/ entonces, el
racimo del mar/ el congrio tierno/ reluce ya desnudo/ prepa-
rado/ para nuestro apetito/ Ahora/ recoges/ ajos/ acaricias
primero/ ese marfil/ precioso/ huele/ su fragancia iracunda/
entonces/ deja el ajo picado/ caer en la cebolla/ y el tomate/
hasta que la cebolla/ tenga color de oro/ Mientras tanto/ se
cuecen/ con el vapor/ los regios/ camarones marinos/ y cuan-
do ya llegaron/ a su punto/ cuando cuajó el sabor/ en una
salsa/ formada por el jugo/ del océano/ y por el agua clara/
que desprendió la luz de la cebolla/ y entonces/ que entre el
congrio/ y se sumerja en gloria/ que en la olla/ se aceite/ se
contraiga y se impregne/ Ya sólo es necesario/ dejar en el
manjar/ caer la crema/ como una rosa espesa/ y al fuego/
lentamente/ entregar el tesoro/ hasta que en el caldillo/ se
calienten/ las esencias de Chile/ y a la mesa/ lleguen recién
casados/ los sabores del mar y de la tierra/ para que en ese
plato/ tú conozcas el cielo.

Hasta aquí la receta. Un caldillo de congrio
"pituco". De acuerdo a mis informes secretos, el orto-
doxo:

No lleva ajo sobre la dorada cebolla pluma; mucho
menos, lleva camarones, o crema; tiene papas en gajos. Y
una pizca de color. Y pocas presas de congrio rosado (por
los congrios rosados hay que pagar un alto precio históri-
co) y muchas de congrio negro, en especial sus cabezas.
Es guiso de clase media. Los ricos lo mejoran con camarones, crema, machas, vino blanco, coñac.

No fui a probar el de la SECH. Me dijeron que la gran
marmita fue visitada por "arregladores de caldillo" que le

dieron el punto a la sopa echándole una botella de chicha, una de pisco, y en el último instante cierta poetisa,
para darle al manjar un toque de esperanza, le vació
una botella de menta.

No hubo lesionados

La fiesta nerudiana fue tan buena que un guanaco de esos
que andaba como sin trabajo por Vicuña Mackenna,
llegó a echar una rociadita para aplacar a ciertos escritores-
caldillos que gritaban insurgentemente que el caldillo
de la SECH jamás sería vencido, y que las cabezas de
pescado eran muy superiores a las de la competencia del
Pen Club y de la Academia de la Lengua.

Con las duchas de agua pura se produjeron casos de
alergia en muchos poetas y una que otra poetisa. Filebo
sugirió luego en un artículo, que si los guanacos desapo-
derados se atrevían a escupirle el rostro a la Sociedad de
Escritores, por lo menos, cargaran sus glándulas salivares
con tinta. O con tinto (nosotros).

La idea de asociar el guiso predilecto con el aniversa-
rio de la muerte de un escritor, nos parece luminosa. Re-
visamos notas. MARIANO LATORRE. Sugerimos codornices
asadas a la parrilla y lisas fritas, todo del Maule, con buenos chacolíes costinos.

RICARDO LATCHAM. Rindámosle homenaje con unas
fuentes de prietas tostadas y longanizas de Chillán acara-
meladas, y papas cocidas, y grandes vinos tintos. Hace
años asistí a un duelo entre Latcham, el "gordo" Fuenzalida y Tito Mundt, en casa del primero, donde devoraban
estos alimentos por metros. Ganó Fuenzalida, por medio
metro.

GABRIELA MISTRAL. Le gustaban el valdiviano y la cazuela de pavita con chuchoca. Proponemos esta fiesta.

MANUEL ROJAS era loco por los porotos de guarda, pallares, con tallarines y brotes de yuyo.

NICOMEDES GUZMÁN podría recibir homenaje con una tarde de sopaipillas sopeadas en pebre y pequenes muy picantes con grandes jarros de vino tinto del año.

LUIS DURAND no debería celebrarse sin una olla de pancutras "a la Traiguén", cocidas en caldo con orejas de chancho, merkén y poleo. Y grandes pipeños de Quirihue.

El príncipe de la noche, TEÓFILO CID, adoraba el Pancho Villa (porotos con longaniza, un biftec de posta y más arriba un huevo frito). Con docenas de botellas del tinto más barato del mercado (¿para qué gastar en una botella de gran marca cuando por la misma plata podemos tomarnos tres botellas del corriente?)

VICENTE HUIDOBRO. Se altazoreaba por el charquicán de cochayuyo. La SECH podría intentarlo. Con un Dom Perignon de viejas cosechas. O con un Santa Rita de los enterrados.

A JOAQUÍN EDWARDS BELLO lo fascinaban las ostras. Y el champagne. A LUIS OYARZÚN el pato con naranjas y unos panes que compraba en Valdivia: los pollitos; a JOSÉ SANTOS GONZÁLEZ VERA, la carbonada...

En fin, hay tantas posibilidades en este programa de efemérides literario gastronómico.

Pablo de Rokha, el insaciable

En 1968, hace diecisiete años, se suicidó Pablo de Rokha después de haberse (casi) tragado las comidas y bebidas de todo Chile. Adorador de la pata de vaca. Jorge Teillier (pantruquero loco) recuerda de adolescente haber visto, en las afueras de Lautaro, pasar una caravana de autos donde iba el hambriento De Rokha buscando en forma desesperada una pata de vaca en jalea. Un anti-rokhiano alguna vez aseguró que nuestro Pantagrúa no distinguía entre una pata de vaca tierna y jaleosa, envuelta en cebolla pluma picante y una de caballo, y que sus poderosos molares podían triturar esta última sin problemas, inclusive la herradura ("¡Media durona esta vaca, compañero!").

En Lautaro le ofrecieron patitas de chancho, patitas de ternera. ¡Nada! ¡Tenía que ser de vaca! Se perdió en una nube de polvo en dirección a Victoria tras su mítico alimento. De Rokha era adorador de la chanfaina de mandíbulas de cordero y de la sopa de ojos de cordero, que recomendaba "bajar" con ásperos tintos de Auquinco o Coihueco ("Yo no soy de Coihueco, soy de Niblinto" –dice en "La Cueca Larga" Nicanor Parra, agregando: "Donde los curas nadan en vino tinto"), rematando con la chicha "suspiradora" de doña Rosa Díaz, allá por Curtiduría, y para los costillares de chancho, el guarapón del lugar, perfecto destrenzador de los chunchules trenzados "como cabellera de señorita, oloroso y confortable a la manera de un muslo de viuda".

New look de la SECH

Yo, que he sido un crítico cordial de las sesiones de alquimia retórica de esa entidad, no puedo hoy sino celebrar esta *nouvelle vague* preparada con la *ancienne cuisine* criolla. Asociación lícita. Asesores en materia de chichas, aguardientes, pipeños, chacolíes, arropes y guindados, sidras y murtaos, sobran en la docta entidad. Hago este aporte para seguir el año. La vida se nos complica. En México, en los escombros, fue encontrado un loro (estuvo 72 horas bajo una torre de departamentos). Y lo hallaron porque no paraba de hablar ("Loro que no habla, no vive"). Al extraer la jaula retorcida y a la avechucha que temblaba de frío, alguien sugirió: "¡Llamen a un veterinario!" A lo que el loro, de inmediato, le replicó: *¡Eso es una chingada!* Loros y guaguas sobreviven en las catástrofes. El porvenir es de ambos. Crisis conceptual galopante, esplendor de la paradoja ("la tiranía de la democracia"). Desánimos vitales, acomodos éticos. ¡Cómo no aplaudir a la SECH que, con mínimos medios económicos, se reúne a comer el guiso del escritor! En una suerte de poética antropofagia culterana... Estamos con ellos. Y pensar que todo ésto empezó con los congrios. Y con los caldillos.

> *Estará muerto él, ofrecido como una*
> *azucena, como una guitarra salvaje, bajo*
> *la tierra que sus asesinos echaron con los*
> *pies encima de sus heridas, pero su raza*
> *se defiende como sus cantos, de pie y*
> *cantando, mientras le salen del alma*
> *torbellinos de sangre, y así estará para*
> *siempre en la memoria de los hombres.*
> *(Pablo Neruda).*

En 1933 está Neruda en Buenos Aires de cónsul, bajo la amistosa subordinación del cónsul general Sócrates Aguirre (su hija Margarita sería luego notable biógrafa del poeta).

Es agosto. Casi al mismo tiempo aparece en la ciudad Federico García Lorca. Viene a dirigir el estreno de su tragedia *Bodas de sangre*, con Lola Membrives. Banquete en el Hotel Plaza, del Pen Club. Neruda y García Lorca se conciertan y producen el célebre discurso "al alimón" (dos toreros con un solo capote, lidian un único toro). Cada poeta en una esquina del salón:

Neruda: *Señoras...*
García Lorca: *...y señores*

El fantasma del buque de carga

El tema, amén de agradecer el homenaje, era Rubén Darío. García Lorca: *—Nosotros vamos a nombrar al poeta de América y de España: Rubén...*

Neruda*: Darío. Porque, señoras...*

Lorca: *y señores...*

Neruda: *¿Dónde está, en Buenos Aires, la plaza de Rubén Darío?*

Lorca: *¿Dónde está la estatua de Rubén Darío?*

Y así por el estilo. García Lorca preguntaba *—¿Dónde está la tienda de rosas Rubén Darío?*

¿Por qué Darío? Ambos, al elegirlo, parecían pagar una deuda. Desde luego, reconocerle el poder al inmenso poeta que en este invierno, hace cien años, desembarcó en Valparaíso y fuera "ninguneado" por diversos escritores-pijes de día domingo de ese entonces, reprochándole el abrigo o los zapatos o una maleta de latón. Aunque le protegió Pedrito Balmaceda, hijo del entonces presidente José Manuel.

Darío apenas si cuenta públicamente en la ciudad de Buenos Aires, ¿qué decir de Santiago? Aquí produjo *Azul*, libro clave de la nueva poesía hispánica. Tiene una fuente en el Parque Forestal. Un efebo de bronce, bella creación de Raúl Vargas; está contra una piedra de granito verde donde se lee: *Por eso ser sincero es ser potente / de desnuda que está brilla la estrella* y sigue. La recuerdo envuelta en papiros y arbustos verdes. Hoy, semiabandonada, seca casi siempre, basurero. Diversos cónsules y autoridades le han agregado placas y aderezos de concreto. Esta fuentecilla que nadie conoce, de todos.

De García Lorca, no sé de lugar alguno que lo recuerde en Santiago. De Neruda, mejor no hablemos.

¡Oh blanco muro de España!

En julio de 1936 los españoles ya estaban peleando. El Frente Popular en Granada, desde marzo, había quemado símbolos de la derecha: el local de la Falange. El Teatro de Isabel la Católica. El Café Colón. El Café Royal. Los Centros de Acción Católica Obrera y Acción Popular, el Tennis Club, el Diario Católico Ideal.

Ahora les tocaba el turno a los nacionalistas que ocupaban la ciudad. Federico García, en Madrid, inquieto por lo que sucedía le escribe a su amigo Rafael Martínez Nadal: "Rafael, estos campos se van a llenar de muertos... Está decidido. Me voy a Granada y sea lo que Dios quiera."

Tan fuera del mundo andaba el poeta que corrió a meterse en la cueva de los leones. Los franquistas comenzaban a castigar. García Lorca tenía prestigio de "marica" y de "amigo de los rojos". Él no era político. ¡Qué amigo de sus amigos!

Cuando le ven llegar éstos se espantan. Luis Rosales, Luis y sus hermanos, Miguel y José. Falangistas.

"Si algún poeta ha tenido un temperamento antibélico y pacifista, ha sido García Lorca", dirá mucho después Luis.

Tuve la oportunidad de conocerle en el Madrid a medio reconstruir de 1954. Estábamos con José María Souvirón y otros escritores del régimen. Luis me contó que la familia cuando le dio refugio le había rogado a Federico que no saliera de la casa. Pero que éste se escapaba cada noche y corría a tascas y tablaos. Que hasta llave le pusieron a la puerta y Federico se arrancaba por los techos. Lúdicro, festival, jugando como un niño a la poesía, el canto, el amor. Para él, la guerra era algo que "les pasaba a los otros".

Federico, donde los Rosales, recitaba sus poemas y rezaban todos al Sagrado Corazón. Curioso: apenas llegó a Granada quiso refugiarse en la casa de Manuel de Falla. Desistió porque el músico estaba incómodo con una "Oda al Santísimo Sacramento del Altar" que Federico le había dedicado y que estimaba herética.

Antesalas de la muerte

¿Por qué murió? José Luis Vila San Juan investigó las últimas horas del poeta. En su opinión murió "por no tomar partido".

"Porque era un hombre entre 26 millones de españoles que en julio de 1936 tenían que estar a un lado o al otro. Federico García Lorca que, indiscutiblemente, era republicano, no era político, no le interesaba la política; pero en aquellos momentos la división había de ser tajante, absoluta, y cayó víctima de una simplificación abusiva y criminal."

Granada, al sobrevenir García Lorca, ya estaba en poder del franquismo. ¿Cuándo llega? Las cronologías no son precisas. El 13 de julio, según las últimas investigaciones, viaja de Madrid a Granada.

El 17, sublevación militar contra la República.

El 9 de agosto, frente a las varias amenazas contra la vida de Federico, le va a buscar a su casa el poeta Luis Rosales y se lo lleva a la suya.

El 16 de agosto es fusilado Manuel Fernández Montesinos, cuñado de Federico y alcalde socialista de Granada.

Ese mismo 16, es detenido el poeta.

No. ¡Que no quiero verla!

Era domingo. Los Rosales le tenían hospedado en el segundo piso de su casa (calle Angulo). De pronto, la casa y el barrio es rodeado de guardias nacionales y policía. Un viejo Buick conducido por Juan Trescastro, tétrico individuo que odiaba al escritor y a la poesía. Comandaba la acción Ramón Ruiz Alonso. Le acompañan Luis García Alix, Sánchez Rubio y Antonio Godoy. En ese domingo, ninguno *de los cinco hermanos varones* de la familia Rosales, está presente. ¿Casualidad?

"Vengo a detener a Federico García Lorca, por orden del gobernador de Granada, el comandante Valdés", explica Ruiz Alonso a la madre de los Rosales.

Dirá luego justificándose: "Ha hecho más daño con su pluma que otros con sus pistolas".

No quiero que le tapen la cara con pañuelos

Miguel Rosales, a Ian Gibson, escritor irlandés que investigó las últimas horas del poeta, le cuenta: "No tuve cojones para enfrentarme con ellos. Con todos aquellos fusiles y tal, pues hubieran podido matarnos a todos, incluso a mis padres y a mi hermana. ¿Qué podía hacer? Pues tuve que entregar a Federico. Claro, ni yo ni nadie creía que lo iban a fusilar. Yo creía que todo se podría arreglar en el Gobierno civil."

Según Gibson, Miguel Rosales acompañó en el auto a Federico. Al parecer es falso. José Rosales habría llegado a ver al poeta diciéndole: "Mañana te saco de aquí." También sería inexacto. *Federico desapareció.*

88

Si pudiera llorar de
miedo en una casa sola

Si pudiera sacarme los ojos y comérmelos
lo haría por tu voz de naranjo enlutado
y por tu poesía que sale dando gritos...

Le escribirá Neruda, conmovido, incrédulo. Toda España
(la de la República), toda Europa (la que no era ni fascista
ni nacista) se estremece ante este asesinato. Al que le se-
guirá, casi en réplica, de parte de los anarquistas, el de
Ramiro de Maeztu, simpatizante franquista. Tirios y
troyanos, güelfos y gibelinos, buenos y malos o malos y
buenos, el baño de sangre comenzaba. Ortega y Gasset,
indeciso, asustado ante esta deshumanizada rebelión de
las masas, tarda mucho en tomar partido. Se lo reprocha-
rán. Finalmente, se autoexilia en Portugal. Unamuno observa con interés el franquismo, hasta descubrirle su
paradójico dogma de "viva la muerte". Pero es Federico
quien abre las ignominias de una guerra civil que debería
enseñarnos algo como esto: toda guerra es horrible y la
más horrible, la que pelean los hermanos.

Tardará mucho tiempo en nacer, si es que nace

Según otra cronología, la más confiable, el 18 de agosto la Guardia Civil lo saca de una prisión en Granada y
lo lleva a un pueblo vecino llamado Viznar. Junto a él,
en el viejo auto, van El Cabezas (Arcollas Cabezas) y El
Galadí (Francisco Galadí Mergal), ambos banderilleros.
Y un obrero, Dióscoro Galindo. Morirán todos.
  Esos guardias civiles con sombreros medievales (al

que el poeta había estigmatizado en versos como *Los caballos negros son,/ las herraduras son negras/ Con el alma de charol/ vienen por la carretera)* sacan a los detenidos. Amanecer del 19 de agosto de 1936. Los colocan frente a una fuente de piedra llamada en Viznar "amadamar" (en árabe "fuente de lágrimas")

> *ahora, cuando no queda nadie entre las rocas,*
> *hablemos sencillamente como eres tú y soy yo:*
> *¿para qué sirven los versos si no es para el rocío?*

Neruda otra vez. ¿Mataron a García Lorca por manflorita, por homosexual? ¿Porque había ofendido a la Guardia Civil? ¿Porque era un rojo emboscado? ¿Porque el franquismo necesitaba un símbolo, un intelectual sin cabeza? ¿En vano la madre de los Rosales corría con mantas y viandas de una a otra prisión en Granada, donde tal vez estuviera el poeta? Un comandante, José Valdés, fue el responsable. Testimonio de un sacerdote falangista: "Valdés habría fusilado a Jesús y a su madre si se los hubieran puesto por delante."

Neruda en *Para nacer he nacido*, recuerda cómo Federico llegó un día a verlo, muy alterado. Y le contó que andaba por Extremadura, recogiendo viejos trajes del siglo XVII, que las tradicionales familias guardaban en sus arcones. Todo para montar un "Peribáñez" de Lope en toda su tinta. Una noche, la muerte se le presentó en una aldea. Desvelado salió antes del amanecer y vio entre la niebla un paisaje con estatuas de mármol todas rotas, por los suelos. Con palabras de Neruda: "Miraba Federico los torsos destrozados, encendidos en blancura por el sol naciente, cuando un corderito extraviado de su rebaño, comenzó a pastar junto a él. De pronto cruzaron el camino cinco o siete cerdos negros que se tiraron sobre el cordero y en unos minutos, ante su espanto y su sorpresa, lo despedazaron y devoraron."

Efemérides. Darío, cien años de su llegada a Chile donde vino a enseñarnos poesía. Hoy, a la distancia, releyéndolo, se ve enorme y actual en su poder lírico. Llega moribundo a Nueva York. Alcohólico enloquecido. Vive en unos albergues infernales. Lo saca de allí su amigo José Santos Chocano. Lo lleva a Guatemala y lo coloca bajo la protección del "Señor Presidente", el siniestro Manuel Estrada Cabrera, con el cual Santos Chocano tenía negocios variados. Darío bebe y sueña. Viene el onomástico de su excelencia. Santos Chocano intenta convencer a Darío que le escriba –a ese hombre que le pagó deudas y lo sacó de Nueva York– un poema de homenaje. Tendría todo, si lo hiciera. Darío se niega. Su vida peligra. Corre a buscarlo (ya está casi agónico) su amigo y poeta el doctor Debayle (¡sí, el mismo, el padre de Margarita está linda la mar!) y lo lleva a Nicaragua, a León, a morir.

Pienso en esa noche del discurso "al alimón" en el Hotel Plaza de Buenos Aires. Neruda y García Lorca, jóvenes, alegres, pidiendo un parque, una plaza, un estatua, un jardín de rosas, para Darío. Y en el uso de los poetas. Y en la tristeza en que, a veces mueren. En *Obras completas* de García Lorca (Aguilar, 1955), en la Cronología, minuciosa, puede leerse: *1936. 16 de julio. Sale de Madrid para Granada. Agosto: muere.* Con sus palabras: *Tardará mucho tiempo en nacer, si es que nace/ un andaluz tan claro, tan rico de aventura./* Y con más de sus palabras: *Tres golpes de sangre tuvo/ y se murió de perfil/ viva moneda que nunca / se volverá a repetir.*

Darío, García Lorca, Neruda. Por cada poeta que muere hay uno que acaba de nacer. Como niños locos e inocentes, como la sal de la tierra. ¡Honor a ellos!

Me informo del propósito: trasladar los restos de Salvador Allende al Cementerio General de Santiago. Sobre los de Neruda, no se oye padre. Se suceden los homenajes, las jornadas de aprovechamiento político del poeta, pero algo tan sencillo y justo como sacarlo del exilio a él y a su esposa, de ese "nicho helado en que los hombres te pusieron", al fondo, clandestino, oculto, en el fin del cementerio...

Cuando era un niño

¡Qué vida la de Pablo Neruda! Como la de Huidobro, pródiga en risas y llantos, indignaciones, dignidades, sacralizaciones. Profético, humilde, altanero, estratégico, teatral, negando y afirmando. Se tomó con mayor seriedad que el autor de *Altazor*, más juguetón y juvenil hasta el fin. Neruda era un mesías. "Viene mi poesía y hace esto y aquello", decía.

Escarbo libros. El 12 de julio de 1920, justo para su cumpleaños, el niño Reyes Basoalto escribe este soneto:

> *Hace dieciséis años que nací en un polvoso*
> *pueblo blanco y lejano que no conozco aún,*
> *y como esto es un poco vulgar y candoroso,*
> *hermano errante, vamos hacia mi juventud.*
> *Eres muy pocas cosas en la vida. La vida*
> *no me ha entregado todo lo que yo le entregué,*

y ecuacional y altivo me río de la herida...
El dolor es a mi alma como dos es a tres!
Nada más. !Ah, me acuerdo que teniendo diez años
dibujé mi camino contra todos los daños
que en el largo sendero me pudieran vencer;
Haber amado a una mujer y haber escrito
un libro. No he vencido, porque está manuscrito
el libro, y no amé a una, sino que a cinco o seis...

Aún tendría que esperar tres años para editar *Crepuscu-lario*. Estudiante del liceo de Temuco. La ciudad, un campamento. "Los muchachos en el liceo no respetaban mi condición de poeta. La Frontera tenía ese sello maravilloso de Far West sin prejuicios. Mis compañeros se llamaban Schnakes, Schelers, Hausers, Smiths, Taitos, Seranis. Éramos iguales entre los Aracenas y los Ramírez y los Reyes... No había apellidos vascos. Había sefarditas: Albalas, Francos; había irlandeses: McGuntys; polacos; Yanichewskys. Brillaban con la luz oscura los apellidos araucanos, olorosos a madera y agua: Melivilus, Catrileos.

Solo quería escribir versos

La vocación se dibuja, se acentúa, persiste. No hay carrera profesional para un poeta. El niño tendrá que terminar sus humanidades. ¡Qué horror! El liceo con su frío polar, los vidrios rotos. El viento del invierno, las calles llenas de barro, los niños temblorosos soñando con sus camas, con sus colchones tibios de lana de oveja, cubiertos por esas frazadas gruesas color blanco-grisáceo. Otro poema de la temprana adolescencia:

Llegué cuando tenía seis años al liceo.
Tenía en las vertientes de mi vida el deseo
de conocer siquiera lo que era la alegría
¡Y pensar que no puedo sentirla todavía!

Bueno, tenía poco más de quince años. Paciencia. El poema es como una confesión. Así termina:

¡El Liceo, el Liceo! Toda mi pobre vida
es una jaula triste, ¡mi juventud perdida!
Pero no importa, ¡vamos!, pues mañana o pasado
seré burgués lo mismo que cualquier abogado,
que cualquier doctorcito que usa lentes y lleva
cerrados los caminos hacia la luna nueva...
¡Qué diablos, y en la vida, como en una revista,
un poeta se tiene que graduar de dentista!

Rebelde, niño en llamas. ¿Y tú? ¿Qué escribías tú cuando viviste esos quince años?

Testimonios

Todo se ha explorado. Casi todo. Luis Humberto Cerda fue compañero de curso en el Liceo. "Con Neftalí hacíamos un diario con un pequeño formato, con diez hojas de cuadernos: *El Harnerito*. Pedíamos cuarenta centavos por leerlo y con eso nos ayudábamos para comprar berlines y picarones, porque éramos de una pobreza franciscana."

El mismo Cerda establece la verdad sobre las condiciones futbolísticas de Neftalí:

"Era malazo para el fútbol. No le pegaba a la pelota

para nada... Era muy malo para los puñetes. Una vez, cuando estábamos en primer año, lo empujé y cayó desmayándose."

Lo curioso es que otro de sus amigos de ésa adolescencia escolar, Alejandro Serani, asegura lo siguiente:

"Empezó a jugar fútbol y llegó a ser un sobresaliente jugador."

El mismo Serani evoca un momento cuando le dice a Neftalí: "Vamos a estudiar tres cuartos de hora y a jugar un cuarto", y éste le replica: "Mejor estudiemos un cuarto y juguemos tres." Diego Muñoz recuerda que en su juventud Neruda tenía una voz muy aflautada y con el atroz canto de Temuco. Consciente de esto, se negaba a leer en alta voz. "Recuerdo que se instalaba en un rincón a leer unos libritos de cuentos en miniatura de la editorial Calleja", explica el poeta Juvencio Valle. Cuando llega a Santiago, José Santos González Vera lo descubre de este modo: "Era un muchachito (1920) delgadísimo, de color pálido, terroso, muy narigón. Sus ojos eran dos puntitos oscuros y su rostro una espada."

El niño temblaba de amor por las mujeres. Homero Manzi: *Claros atardeceres de mi lejana infancia/ que fluyó como el cauce de unas aguas tranquilas./ Y después un pañuelo temblando en la distancia./ Bajo el cielo de seda la estrella que titila.* Santos Discépolo, Alfredo Le Pera: *Yo no lo quiero, Amada./ Para que nada nos amarre/ que no nos una nada.* Los grandes temas. El amigo, el hermano a lo Gardel:

Amigo, llévate lo que tú quieras,/ penetra tu mirada en los rincones,/ y si así lo deseas yo te doy mi alma entera/ con sus blancas avenidas y sus canciones. ¿Amaba Neruda el tango? ¿A Carlitos? No parece. Pero Carriego andaba en el aire y Sabat Ercasty. *Todo amigo, lo he he-*

cho para tí. Todo esto/ que sin mirar verás en mi estancia desnuda... En Temuco quedan las primeras noviecitas enamoradas de Neftalí. Queda Morena la Besadora, Guillermina, los rostros entrevistos en una ventana de una casita de alerce, en medio de la lluvia, cuando el adolescente viaja a Santiago y el tren es un estallido de vapores. "¡Oh Amor, hasta cuándo me persigues!", escribió Miguel Ángel.

¿Te acordás, hermano, qué tiempos aquéllos?

Año de 1921. Reyes –ya rebautizado como Neruda– está en Santiago. Es alumno de francés en el Instituto Pedagógico. El 14 de octubre obtiene el primer premio del Concurso de la Federación de Estudiantes de Chile por "La Canción de la Fiesta". Le pide a Roberto Meza Fuentes, dueño de poderosa voz, que lea sus versos. El poeta estalla como una granada frutal. *Crepusculario*, *El hondero entusiasta*, *Veinte poemas*. Las casas de pensión, la calle Echaurren, Maruri. Todo ha sido explorado. El joven estudiante rápidamente se integra a un grupo de bohemios secos para el tinto y la trasnochada, la risa y la poesía. El pintor de Linares, Pedro Olmos, recuerda una noche en La Trinchera, en que vio a Orlando Oyarzún, alias El Patón, abrumado por los sollozos: "Estoy feliz llorando –le dijo– porque tengo un amigo genial." Se refería a Neruda. Debe de haber estado curadísimo. La "bandita" saltaba de bar en bar matando la noche, Roco del Campo, Tomás Lago, Rubén Azócar (que fue sacado por mano mora de las *Memorias* de Neruda, a pesar de que El Chato lo acompañó toda la vida, que era más que un amigo, que Pablo moría de amor por Albertina, su hermana).

Doblemos la hoja sobre más de quinientas de sus *Obras completas*. Retórica, panfletos, discursos, libelos, oratoria oportunista. Ese Neruda se enterró a sí mismo en el olvido hace muchos años.

Pero hay otro magnífico: el romántico, el de *Crepuscu-lario* y los *Veinte poemas*. El Neruda de las *Residencias*. Cuando estaba libre del amor por Stalin y llegaba la niña de la boina gris, o Melisanda, o Josie Bliss o cuando la inmensa amada que era la suma de todas, se le iba como un crepúsculo:

> *Entonces, ¿dónde estabas?*
> *¿Entre qué gentes?*
> *¿Diciendo qué palabras?*
> *Por qué se me vendrá todo el amor de golpe*
> *cuando me siento triste y te siento lejana.*

Este es el Neruda que amamos. Llorábamos leyéndolo. Tal vez aún sigamos llorando un poco. Este es el gran Neruda que guardo en el corazón. Cuando pase el tumulto, iré a colocar una piedrecita blanca en su tumba.

De pronto está en Chile, de regreso, el escritor José Miguel Varas. Con un libro: *Neruda y el huevo de Damocles*. Se trata de unas sustanciosas y desordenadas crónicas. Esta obra se une armoniosamente a las de Jorge Edwards (*Adiós, poeta*) y a la de Volodia Teitelboim (*Neruda*). Explorando estos libros descubro algo: la gran pasión de Neruda fue comer.

La gula.

Entusiasmos y rutinas poéticos, repentismos políticos, devociones de militancia marxista, mesianismos, vanidades, amores lícitos e ilícitos (no hay amor ilícito) todo, arte menor ante su hambre y el gozo que experimentaba, romano, renacentista, cuando comía.

Glotón entre los mayores

Luis Sánchez Latorre prologa el libro de Varas. Lo recuerda sumergido en el periodismo. "Por eso es que de pronto dio la impresión de haber desaparecido del mundo. Estaba en otro mundo." Como en la canción: "Por eso y por mucho más." Desde luego Varas vivió las melancólicas pasiones del exilio. Acaso debido a ellas, esta obra. "Desde luego la generación del 50 –prosigue Sánchez Latorre– que debió incluirlo entre los suyos, se permitió ignorarlo."

Cuando inventamos la Generación del 50 con Mario Espinoza y Claudio Giaconi, no logramos descubrir por qué José Miguel Varas debía pertenecer a esta excéntrica hermandad. ¿Por cronología? Sin duda. Pero la zarandeada generación era una locura desde su nacimiento: ácrata, anticriollista, desenfrenada, sólo aspiraba al vuelo, a la fuga celeste. Rilkianos, proustianos, gidistas, joyceanos. Por otra parte significaba apenas un poco de humo, un poco de la sombra del humo en el espejo de nuestra literatura. Recuerdo que Giaconi me explicaba muy seriamente que "sólo él y yo éramos dignos de pertenecer a la Generación del 50". Yo sospechaba que el próximo paso del autor de *La difícil juventud* iba a ser sacarme del medio. Giaconi aspiraba a presidir una generación literaria unipersonal. Lo ha conseguido.

Volvamos a Neruda y su rabelesiano apetito. Los grandes comilones de nuestra literatura, si no me equivoco, han sido: Pablo de Rokha, Roberto Meza Fuentes, Julio Barrenechea, Ricardo Latcham, Augusto Iglesias, Armando Cassígoli. De Neruda no se hablaba. Era un idealista. Los comunistas deben comer poco porque si son muy gordinflones, si tienen desmesuradas poncheras, entonces, ¿cómo? ¿Con qué ropa van a ir a las poblaciones a hablarles a los compadres flacos como galgos costinos?

Me pregunto hoy si Neruda no fue mayor tragaldabas que De Rokha. En el libro de Volodia –otro escritor de indisimulada glotonería– hay huellas de las fiestas y banquetes, pichangas y zandungas, homenajes, cumpleaños, funerales, que concluían con enormes ingestiones de comidas y bebidas. Por ejemplo, una carta que Pablo le envía a Volodia:

> *Queremos almorzar con ustedes, en Isla Negra, el 1 de enero de 1958. Menú imaginario: Superporotos granados. Humitas y antihumitas. Sublime cochayuyo.*

Hemisferios de tomate. Nieve de cebollitas. Al fin congrio
frito. Empanadas elementales. Asado por la Pucha.
Cazuela Nacional. Pollo Puro Chile.
Antes y después de almuerzo se beberán diversos
Sputniks. Pablo-Matilde. Alta Mar, cerca de Curazao,
5 de diciembre de 1957.

Cocinero a ratos

No creo que haya sido un gran gourmet. En las cocinas
y fogones sus tareas creadoras fueron modestas. Demasiado impaciente. Aunque su "Oda al caldillo de
congrio" sí es una buena receta: *Deja el ajo picado/caer*
en la cebolla/y el tomate/hasta que la cebolla/tenga color de
oro, bien. Luego pide se le agreguen camarones de mar,
el congrio, aceite y crema como una rosa espesa. Aunque le faltó agua, y tal vez el vino blanco y las hierbas.
    Neruda era bastante más simple de lo que la gente se
imaginaba. Elemental, esa es la buena palabra. En su
"Oda a la cuchara" imagina de este modo la nueva sociedad marxista:

> *Por eso el tiempo/ de la nueva vida/ que/ luchando y*
> *cantando/ proponemos/ será un advenimiento de sope-*
> *ras,/una panoplia pura/ de cucharas,/ y en un mundo/*
> *sin hambre, iluminando todos los rincones,/ todos los*
> *platos puestos en la mesa,/ felices flores,/ un vapor océa-*
> *nico de sopa/ y un total movimiento de cucharas.*

Entregó la receta de un filete envuelto en alusafoil que
no tiene gran ciencia. En "Comiendo en Hungría" es
en donde hay que encontrar a este Neruda dionisíaco.

Del foie gras exclama: *¡Hígado de ángel eres/ Suavísima substancia,/ peso puro del goce* y termina su loa con una confesión: *y desde la cabeza hasta los pies/ nos recorre una ola de delicia.* Seguro.

Las revelaciones de Varas

Un día Neruda lo invita a trabajar a Isla Negra. En realidad lo usaba como mecanógrafo dictándole un largo discurso. Al cabo de un tiempo miró su reloj: *—Esta es la hora cabalística de las sardinas de la afamada marca Timonel—* le dijo y trajo unas latas y una botella de vino blanco. Fin del trabajo. Cassígoli me contaba cómo una vez Neruda lo invitó a un trabajo urgente también a Isla Negra. Para idéntica faena, que le escribiera a máquina varios poemas mientras el vate se movía como una morsa enjaulada en su biblioteca. Cassígoli tomó en serio su tarea. Neruda, entonces:

—*Mire, Armando, estoy muy gordo y el doctor me ha pedido que camine. Lo invito a una caminata medicinal.*

Salieron. Anduvieron unos doscientos metros bajo los pinos y cuando iban pasando frente a la Hostería de doña Elena, Neruda miró a Cassígoli con sus ojos de mandarín preguntándole:

—*¿No cree que ya es suficiente? Este ejercicio me ha dado un apetito oceánico...*

De la Hostería tuvieron que llegar a sacarlos al cabo de horas de sistemática manducancia.

Sus relaciones con el caviar

José Miguel Varas recuerda un famoso encuentro de Praga ocurrido en 1960. Neruda venía de Moscú. Citamos:
"Traía entre otros bienes de consumo una lata de caviar de proporciones heroicas: a lo menos 500 gramos. Era un receptáculo de gruesa hojalata azul y gris. Lucía en la tapa un esturión rampante sobre un fondo circular de perfectos huevos grises y, en grandes letras del alfabeto cirílico, la marca Malasol. Palabra que Pablo consideraba sugerente y bella... hasta que le comuniqué que en ruso no significaba otra cosa que 'poca sal'. Se sintió decepcionado, lo cual no le (nos) impidió saborearlo a grandes cucharadas en su habitación del hotel Yalta acompañado de cerveza checa de Pilsen..."
Neruda recibía cuantiosos derechos de autor de sus ediciones rusas en millones de ejemplares. Se los pagaban en rublos inconvertibles. Que debía gastar en el país. Compraba, entonces, toda suerte de bienes suntuarios, libros, antigüedades, joyas, pieles, caviar. Era el único poeta en el mundo que viajaba con cuatro o cinco kilos del más refinado caviar, en sus maletas.

El día en que almorzó tres veces

Entre sus muchos amigos por el mundo estuvo Alberto Mántaras Rogé, arquitecto, artista plástico y cineasta uruguayo. Hizo más de un documental sobre Neruda. Cuando volvía de Europa el buque solía tocar en Montevideo. Se juntaban en un bar del mercado viejo. Mántaras le cuenta al autor de este libro que: "En aquellas ocasiones tomábamos siempre 'medio y medio', una combinación muy nuestra, estudiantil, de blanco normal con otro vino blanco espumante. Una vez llevé a Pablo al Roldós y se lo di a probar: –*¡Es un champú!*– me dijo, escupiéndolo."

Es el mismo Mántaras quien vivió una notable aventura gastronómica con Neruda, y que Varas recoge. Aquí va:

Se inicia con una carta del 12 de septiembre de 1966, que dice: *Albertolgas, nos casaremos (confidencial) por la ley chilena el 28 de Octubre. Los esperamos a Uds. como testigos, hermanos y cómplices.* Y promete invitarlos a un viaje al sur *con carretera excelente y primavera erizada de erizos.* Llegan. Un día Matilde inicia faenas para preparar unas perfectas humitas. Faltaban algunas cosas. Neruda le hace llegar "Al Comendador Albertore Mántari" un papelito en que lo invita: *¡Sálvese quien pueda!? ¿Qué te parece un viaje en dirección a San Antonio?/Pescados! Ferreterías! Cera líquida y sólida!/ Esplendor!/Avisa hora para aparejar/ ¡Si no quieren deberán volver al calabozo!* Estaba recién casado con Matilde. Y aburrido. Además, el amigo uruguayo era vital para su escapada, ya que Neruda no sabía manejar su auto.

Gulas y Galas

Alberto Mántaras le cuenta a Varas lo que sigue:

"A las 11, más o menos, pasamos delante de un boliche donde los dueños conocían a Pablo (lo conocían todos) y sentimos el olorcito de los mariscos y de la fritura, junto al espectáculo de las hileras de maravilloso vino blanco. Bastó una mirada para entendernos. Entramos sin decir palabra. Paladeamos unas machas al natural con cebolla y cilantro, una botellita. Salimos reconfortados. Miramos utensilios de pesca, una escafandra de buzo, herramientas de jardín. Observamos de lejos el muelle con sus grúas, compramos algo."

"–¿*Pasamos aquí*? –dijo Pablo. Pasamos. Esta vez fueron empanadas de mariscos y unos picorocos al vapor. Con el vino respectivo. Continuamos nuestro paseo. Ya se hacía tarde. Se lo hice notar a Pablo. Me miró con seriedad. –*Es cierto*– me dijo, *ya es hora de almorzar.* Y entramos solemnemente a un restaurante del centro, donde comenzamos con un mariscal, seguimos con un caldillo de congrio y terminamos con merluza frita acompañada de ensalada. Con el vino respectivo. Abrevio. Llegamos de regreso a Isla Negra alrededor de las tres y media de la tarde. Matilde estaba furiosa. Olga lo disimulaba. Como castigo nos dejaron sin humitas.

También era barman

Creador de cocteles. Para la fiesta del Año Nuevo que Neruda celebraba con multitudes de sus amigos y camaradas era un rito beber la *Nikolaska*, inventada por el poeta soviético Semión Kirsanov. Trago de fin de fiesta, "reanimador, enemigo de la melancolía". Así se procede: se cortan gajos o torrejas de limón muy delgados y se frotan con azúcar granulada. Se llena la boca de estos ingredientes y se le agrega a la boca una copita del mejor coñac posible. Y se acaba toda la tristeza. Neruda era experto en la preparación de la *Nikolaska*. También existía el *Coquetelón*, una mezcla de cointreau, una de coñac y

dos de jugo de naranja, con hielo picado, en copa-tuli-
pa de champagne. Se le agrega champagne seco.

En sus diversos bares de La Chascona, La Sebastiana, Michoacán, Isla Negra, Neruda creaba sus filtros
de Fierabrás, sus conjuros eróticos en que mezclaba
gin con chicha de manzana, jugo de tomate con vino
tinto y yemas de huevo, aunque él sólo bebía whisky
"por razones médicas", retirándose en forma estratégi-
ca a servirse un vasito de su elixir escocés.

No lo pasó tan mal, como otros comunistas

Volodia Tèitelboim, en su interesantísimo libro *Neruda*
(la nueva edición trae un gran acopio de documentos y
datos que lo hacen texto indispensable para conocer algo
más de este excéntrico revolucionario) recuerda el encuentro de Neruda con Miguel Ángel Asturias, en
Budapest, comiendo en el restaurante Alabardero. Explica Volodia que: "En el país sabroso se produjo la con-
fluencia de ajíes y paprika. Rehabilitaron una capitosa
sopa de pescado. Se apoderaron de manjares centelleantes-
tes." Y mientras daban el bajo a "las escalopas sentadas
sobre un diván capitoné de arroz con hongos Neruda entre epicúreo y nostálgico: —*¿No te recuerda este jardín,
esta mesa bajo el nogal y este vals 'Sobre las olas' que hace
cosquillas en el recuerdo, aquellas viejas quintas alemanas,
con música y cerveza, de nuestra juventud?*

Asturias y Neruda, el hijo del maíz y el de la papa, casi
dejan sin goulash a Hungría. Hacían brindis con Sangre
de Toro por la vida y *por el día en que haya lugar para
todos en las mesas del mundo.* Mientras tanto...

Al paso, una curiosidad: Neruda en sus memorias,

donde hasta a su enemigo que jamás perdonó, Pablo de Rokha, le da un lugar llamándolo Perico de Phalotes, *no nombra a su viejo amigo y camarada combatiente y seguro servidor, Volodia Teitelboim.* ¿Por qué?

Andá a cantarle a Gardel

Refiere José Miguel Varas que conoció a Neruda en 1948, en la quinta Gardel de la avenida Independencia, donde se preparaban excelentes pasteles de choclo con "borgoñas en frutilla" y chicha de Curacaví. Había un bar del antiguo estilo, largo, con jarras de vidrio verde, las "guaguas" de cinco litros, tapadas con un trozo de madera. Pista de baile. Mesas cojas. Parrón.

Eran los tiempos del Aliviol. José Miguel Varas trabajaba en una radio. Su bien impostada voz decía: "Venga del aire o del sol/del vino, chicha o cerveza/cualquier dolor de cabeza/se quita con Aliviol". También le hacía publicidad al rouge Vanka que "resiste el agua y los besos". Recuerdo una gomina Vanka. La pasta dentífrica Forhans. Si se usaba regularmente "la pasión que él sentía al besarla volverá..." Neruda aparece rodeado de camaradas y aspirantes. Estaban las hermanitas Loyola cantando tonadas entre discurso y discurso. "El poeta Hernán Cañas, profesor, recitó un poema lírico y combativo. El anunciador, al presentarlo, no destacó que fuera poeta ni que fuera comunista sino, sobre todo, con extraordinario énfasis, que era hermano de un diputado conservador, lo que motivó fervorosos aplausos de la concurrencia. El detalle me dejó perplejo (hasta hoy)" –dice José Miguel Varas.

Hay demasiadas referencias sobre la gula de Neruda en los libros de Edwards, Teltelboim y Varas como para creer que se trata de invenciones de la reacción capitalista.

Miro hacia atrás y veo a Pablo de Rokha mordiendo a dentelladas, con su "gang" poético-empresarial, una fuente de patas de vaca. Evoco a Ricardo Latcham dándole el bajo, con el gordo Fuenzalida, Tito Mundt, Armando Cassígoli y quien escribe, a un cajón de longanizas de Chillán que le acababa de enviar por bus un compadre de Ñuble. Se sucedían las sartenes. "Fría otros dos metros, Pajarito" –le ordenaba a su esposa.

Imagino sin esfuerzo a Neruda cuchareando su lata de medio kilo de caviar Malasol en algún hotel de la Europa comunista. Según el poeta Teiller que le conoció bastante, Neruda era loco por la cocoa peptonizada Raff y por la leche condensada Nestlé, que también comía con cucharita y con hambre –término de De Rokha– oceánica.

Hoy, los poetas y escritores comen en menos. Cuidan sus triglicéridos, el colesterol. Pero ¡qué tiempos aquellos! ¡Eran otros hígados más hígados los nuestros!

Murió Albertina Azócar Soto. Con su desaparición se cierra capítulo de la novela del niño-poeta que enloqueció de amor. Albertina, Teresa, Guillermina, Laura, María Antonieta, Delia, Matilde. ¿Hubo más?

Solía verla con alguna curiosidad entre lirios, gladiolos, rosas y lilas, en su jardín Pamela, en Moneda, moviéndose como una amada sonámbula, ya muy viejita. Era pequeña, arrugada como la tierra, de ojos grandes. Viuda del poeta Ángel Cruchaga Santa María, con el que se casó tarde. Neruda, sin duda, la hizo soñar en exceso.

Juventud, idolatría y torbellino

Se conocen el 18 de abril de 1921. Ambos son alumnos del primer año de francés (Instituto Pedagógico, Cumming con Alameda). Pablo tiene dieciséis años, nueve meses y seis días. La Estación Central está cerca. Viajan mucho a sus lugares, Albertina a Arauco y Neruda a Temuco. Su padre, orgulloso: tendrá un hijo profesor.

Es un Santiago extraño, con un líder izquierdista de apellido Alessandri. En la Alameda de las Delicias aún se advierten espléndidos los últimos "palacios", el Ariztía, el Iñíguez, el Rivas, el Vicuña, el Errázuriz, el Irarrázaval, el Pereira. Los envuelven viejas casas de tres patios convertidas en pensiones y residenciales. Los trenes echan humo de carbón de piedra, bueno para la tuberculosis, enfermedad de moda (como hoy el cáncer y el sida). Del sur llegan cientos de estudiantes pobres. Frente al

Pedagógico, por República, Vergara, Ejército, Diecio-cho, Sazié, Gay, Grajales, las bellas residencias, los hermosos barrios.

Tomás Lago recordó ("Allá por los años veintitantos") esa ciudad de pensiones y cafeterías: "Entre la Estación Central y la avenida Brasil se desarrollaba toda una vida social, con su leyenda dorada, sus dramas y comedias como habrá siempre entre muchachos y muchachas. A diario transitaba por allí el joven Reyes (hoy Pablo Neruda) con su rostro aguzado y ojos imperturbables, acompañado de su novia."

¿Qué habrán hecho? Sin duda lo que todos los enamo-rados. "Quiero hacer contigo lo que la primavera hace con los cerezos", le escribe Neruda a Albertina. Tardes de la mano en la plaza Brasil, en la Manuel Rodríguez, en el parque Portales, por la Quinta Normal, "yéndola a dejar" a su pensión, arrastrando los pasos bajo los álamos de la Alameda.

Me gustas cuando callas

Albertina era silenciosa hasta la exasperación. Por timi-dez. Por amor. Quién sabe. Tiene padres profesores, don Ambrosio Azócar Peña y doña Juana Soto Rodríguez. Un hermano, profesor, poeta y novelista (autor de la excelente narración ambientada en Chiloé *Gente en la isla*. ¿Por qué nadie la ha reeditado?) se llama Rubén Azócar, el segundo de sus cinco hermanos. Este Rubén es inolvidable. Con voz ronca y potente, de enorme cabeza tallada a hachazos por un leñador a medio despertar, y un poderoso tórax, casi no tiene piernas. De pie o sentado era lo mismo. Pero se imponía por su humor, su espíritu de juego, su seriedad en los sustantivo, su erudición. Lo llamábamos "el cara de Hombre". Hasta Neruda sentía respeto por él. Lo quiso de verdad, aunque en *Confieso que he vivido* no figura. Le escribe, enterado de su muerte, un hermoso poema que concluye: *Tengo el As! Tengo el Dos!! Tengo el Tres! Pero faltas, hermano!/ Falta el rey que se fue para siempre con la risa y la rosa en la mano.*

La familia de la niña era muy tradicional. Y este "pololeo" de niños pobres no los entusiasmaba. Albertina tiene, al año siguiente, que seguir sus estudios en Concepción. Peleas y Melisanda se alejan. Aunque ya habían empezado las cartas de amor.

Extrañas ansiedades

Neruda se abre paso. Vive primero en una pensión en Echaurren 330. En una de sus primeras cartas le cuenta:

"Mi mocosa, yo creo haberte dicho que tengo una hermosa habitación, más clara que otras, en el número 330 de Echaurren." Le envía un plano. Próximo a una dulcería. Por Echaurren corre un tranvía que llega al Parque Cousiño. Neruda descubre las tabernas, los amigos, la exaltación nocturna. El Hércules, El Jote, El Alemán, en caravana de poetas, pintores, vagabundos. Soplo eterno de eterna ilusión. Los estudios sistemáticos pueden esperar. La vida, el mundo. Es en el mundo de la vida de los sueños donde se encuentra la sabiduría.

"Te escribo a las tres de la mañana, ando de juerga, como todos los días desde hace tiempo, tú me haces falta."

Albertina estudia.

"Fíjate, la otra noche llegué curao (curao) en el amanecer (ahora ando en curaeras casi todas las noches) y llegando al cuarto me bajó toda la ternura, me hinqué en la cama para alcanzarlo y le di un beso grande y resuelto a tu retrato."

De Echaurren emigra –presumiblemente a solicitud de la dueña de la residencial– a Maruri 513, por Vivaceta al fondo. Está escribiendo como loco. El barrio entero se pone de acuerdo para ofrecerle sus mejores tardes, todo Maruri es un crepúsculo y todo él un crepusculario. "La vida de aquellos años en la Pensión de Estudiantes era de un hambre completa. Escribí mucho más que hasta entonces, pero comí mucho menos."

Albertina no lo pasaba mejor. Ya había resuelto seguir sus estudios en la Universidad de Concepción, más cerca de su casa.

"Tú eres mi última esperanza. Compréndelo. Tu oficio es perdonarme. Todo se compensa con el salvaje cariño que te tengo", le escribe Neftalí. Y le dice que ha vuelto a Temuco de vacaciones, que fuma como un desesperado y que quiere dedicarse a criar abejas.

Es octubre de 1921. Neruda (se firma ya de ese modo) gana el Premio de la Primavera por "La canción de la fiesta". Albertina es la causa. Albertina Rosa, a la que en sucesivas cartas llama lombriz regalona, escarabajo, muñeca adorada, pequeña canalla, mi chiquilla fea, mala pécora, Netoscha (tomada de *Netoscha Nezvanova*, de Dostoievski). Ella, pálida, blanco invierno, con ojos "de té". Y él, flaco y larguirucho, amarillo limón. Los rusos traían todo a los estudiantes pobres: la revolución, la poesía, la gran novela. Neruda se firmaba a veces, "Sachka" (por "Sachka Yegulev"). Neruda no olvidará nunca a este primer amor –¿o será el segundo? ¿Dónde estará la

Guillermina? ¿La Teresa Vásquez?– y muy mayor volverá a evocarla en "Memorial de Isla Negra" como esa "pasajera color de agua", recordando los tiempos en que se paseaban tomados de la cintura por las orillas del Mapocho soñando con el Sur: *Rosaura otoño, lejos/ luna de miel delgada/ campanita taciturna...*

Breve historia de unas cartas de amor

Evoco hace ya varios años el instante en que Sergio Fernández Larraín me comunica que tiene en su poder ciento once cartas de amor, en originales, escritos por Neruda a Albertina. Me invita a conocer este material. Me informa que las obtuvo de Fernando de la Lastra. Que Fernando se las quiere obsequiar pero que él insistió en hacer un trueque, dándole a cambio dos leones de bronce. El recordado erudito, bibliófilo, diplomático y político Sergio Fernández, primera espada en la lucha contra el comunismo, se proponía editar estos documentos que arrojaban valiosa luz sobre la adolescencia de Neruda.

¿Por qué estaban esas cartas privadísimas en poder de Fernando de la Lastra? Debido a que era sobrino del poeta Ángel Cruchaga Santa María, esposo de Albertina. Al morir éste, ella decide liquidar la biblioteca, trasladarse a un departamento. Le pide a Fernando que le compre los libros. Él se interesa y adquiere parte de éstos pagándole religiosamente lo que Albertina le pide. Y la ayuda a deshacerse del resto. Ella, agradecida, le entrega una caja de cartas: *Son para usted. Es un regalo*, le explica.

Fernando revisa este material. Se da cuenta del valor que tiene para los estudiosos de Neruda. Las conserva en su poder durante cuatro años. *En ese tiempo, Albertina jamás intentó siquiera recuperar esas cartas.*

Sergio Fernández prepara la edición, con notas. Previamente *obtiene de Albertina Azócar una autorización escrita para usar este material, protocolizada ante notario.* Aunque no procedía, toma esa precaución.

Cuando aparece el libro de cartas (Ediciones Rodas) en marzo de 1975 (Neruda había muerto en 1973), su viuda Matilde Urrutia, espantada por esta correspondencia, acaso con extraños celos retrospectivos, se querella contra Sergio Fernández en España por apropiación y uso indebido de un patrimonio literario de su marido. Sergio Fernández hace llegar los importantes derechos de autor (hubo una segunda edición de mayo del mismo año) a Albertina Azócar. Lo más significativo: también *le devuelve las cartas.*

En 1976, seis años después que Albertina le regalara este material a Fernando de la Lastra, con seguridad instigada por sus amigos del PC, le entabla querella por apropiación indebida de estas cartas (a pesar de haber autorizado verbalmente y por escrito a Fernández para que las publicara). Mas, Albertina supo, paso a paso, detalles de la publicación y ayudó a Sergio Fernández con valiosa información para el prólogo. La acción judicial contra De la Lastra no prospera. Es sobreseído definitivamente en fallo de 10 de junio de 1977. En el acuerdo las partes se comprometen a no remover más este asunto. Albertina rompe este compromiso en varias oportunidades. Obtiene los derechos de autor del libro de Fernández y las cartas que luego vende al Banco de Urquijo, España (a pesar de haber expresado públicamente su voluntad de donarlas a la Biblioteca Nacional), en una cuantiosa suma. El banco hace una bellísima edición que circula entre unos pocos bancarios. (¿Para qué quieren leer ellos cartas de amor?)

Tal es la verdadera historia. Probada. Documentada.

No lo tomaba en serio

Volvamos a Pablo y Albertina. La estudianta, melancólica, práctica, no lo tomaba en serio. Él la llamaba Marisombra hablándole de una cierta Marisol que lo esperaba en Temuco. Albertina se reía de Pablo, imitaba su voz gangosa en círculos de amigas, perdía poemas que éste le enviaba. No respondía sus cartas. Una adivina, además, le dijo que Neruda no era el amor de su vida. Que era un demonio y ella necesitaba un ángel.

Amor, amor, no cruces la frontera

Historia de una pasión en ciento once cartas. Y no sólo cartas. "Estoy arreglando los originales de mi libro *Veinte poemas de amor y una canción desesperada*. Hay allí muchas cosas para mi pequeña lejana", le explica a Albertina.

En 1954 Neruda dio una conferencia donde afirmó que de ese libro hay diez poemas dedicados a Marisol (la niña misteriosa de Temuco) y el resto a Marisombra (Albertina). Entre esos diez incluye el número seis (el de la boina gris). Sin embargo, en *O'Cruzeiro*, en extensa entrevista, lo adjudica a Albertina. Rodríguez Monegal (El viajero inmóvil), quien sorprendió este lapsus, reflexiona:

"Tal vez ambas usaban boina (son poemas de la era

de las boinas); tal vez la memoria del poeta ha puesto la boina de una sobre la cabeza de la otra."

La pasión que trasluce Neruda por su estudianta de francés (ella sí estudiaba) es terrible, de un erotismo baudeleriano:

> *Cuerpo de mujer, blancas colinas muslos blancos*
> *te pareces al mundo en tu actitud de entrega.*
> *Mi cuerpo de labriego salvaje te socava*
> *y hace saltar el hijo del fondo de la tierra.*

Y sigue en otros poemas: *Para que tú me oigas mis palabras*, o *he ido marcando con cruces de fuego/ el atlas blanco de tu cuerpo* (con razón Albertina le tenía miedo). Y le canta *Juegas todos los días con la luz del universo* y le asegura que *me gustas cuando callas porque estás como ausente*.

La pasión se continúa en *El hondero entusiasta* y alcanza a diversos poemas de la *Primera residencia*. Neruda no puede olvidar a Albertina.

¿Por qué no se casaron?

Neruda la amaba. Y ella a él. Desde Ceilán, Colombo, Pablo no ceja en su empeño de que ella se vaya. Que vivan juntos. Ella vacila. Está su carrera. Le tiene miedo al poeta. Ha descubierto a Teresa Vásquez León, la Marisol de Temuco. También a la Guillermina Roheren. Neruda es un picaflor. ¿Cómo tomarlo en serio? Además, no le habla de matrimonio. Su familia es a la antigua. Ella misma. Albertina es enviada con una beca a perfeccionar sus estudios a Bruselas. Neruda aprieta el cerco. En la carta 107 le dice:

"No puedo en ningún caso ir a Europa. Tú debes venirte." Pero ella ya ha huido sin dejar dirección. Vuelve a Chile. Neruda está solo "como los muelles en el alba", y escribe cartas de amor.

Esta es mi hipótesis: hay otra estudianta de la Escuela Normal, quien se prepara para profesora primaria: Laura Arrué. Es pequeñita, fina de rostro, con bellos ojos verdes. Neruda –en las horas libres que le dejaba Albertina– solía cortejarla. Desde Ceilán, le escribe cartas como una pantera al acecho. También le pide que se vaya a vivir con él.

Leí en una entrevista a Laura Arrué (quien fuera luego esposa de Homero Arce, secretario vitalicio de Neruda), que jamás lo tomó en serio. Comentaba sus cartas con sus amigas. Sabía que el poeta estaba invitando a vivir con él a Albertina. Con seguridad se comunicaron ambas muchachas. Y ¡hasta ahí no más llegó el Romeo!

Laura tuvo un patético fin. Viuda de Homero Arce, vivía modestamente en una casa de la calle Última Esperanza. Una noche la llama de una vela encendió su camisa de dormir, enviándola al sueño eterno.

Pudimos haber sido felices

Albertina insistía: "Pablo nunca me pidió en matrimonio." En 1931, Neruda escribe a su amigo Ángel Cruchaga: "Me he casado. Hazme el favor de hacer publicar en buena forma este retrato de mi mujer en 'Zig-Zag'." Curioso ruego. ¿Para "sacarle pica" a Marisombra? En el mismo año le escribe a Albertina: "Tú sabrás que estoy casado desde diciembre de 1931. La soledad que tú no quisiste remediar se me hizo más y más insoportable."

En 1932 está el poeta en Santiago con María Antonieta Haagenar. Marisombra es su fantasma. Le escribe:

"Mis telegramas, mis cartas, te dijeron que yo iba a casarme contigo en cuanto llegaras a Colombo. Albertina, yo ya tenía la licencia de matrimonio y pedido el dinero necesario...

"Ahora me cuenta mi hermana que yo te pedí que te fueras a vivir conmigo, sin casarte..." "¡Nunca! ¿Por qué mientes? Además de la horrible amargura de que no me hayas correspondido tengo la de que me calumnies."

¿Quién era el mentiroso de los dos? Jamás lo sabremos. La última carta (11 de julio de 1932) indica que Pablo sigue enamorado: "Tengo tanto que hablarte, reprocharte, decirte. Me acuerdo de ti todos los días..." "Aún no puedo entender qué te pasó en Europa. No entiendo aún por qué no fuiste."

Albertina siguió soltera hasta 1936, en que se casó con Ángel Cruchaga. Neruda, luego invitaba a los dos matrimonios, el de Ángel con Albertina y el de Laura Arrué con Homero Arce. Nadie decía ni pío. Menos Albertina: "Y parece que un beso te cerrara la boca." Extraño viaje por las cartas de amor. El poeta Álvaro de Campos asegura: *Todas las cartas de amor son/ ridículas/ No serían cartas de amor si no fuesen ridículas.*

Y aquí terminamos. Pudimos haber sido felices. *La mariposa volotea, revolotea y desaparece.*

¡Qué historia! El frágil y mínimo Raymundo Larraín deslumbra al delgadísimo y tímido Jorge Edwards leyéndole en los recreos del viejo San Ignacio versos paganos de Pablo Neruda.

—*Es un poeta fantástico*– le dice, entusiasmado. *Cuerpo de mujer/Blancas Colinas.* Cierran los ojos. Quince años. Los jesuitas vigilaban a los castos niños. *Mi cuerpo de labriego salvaje te socava/ y hace saltar al hijo del fondo de la tierra.* Los dos labriegos salvajes eran por esos tiempos soñadores aprendices. De todo. Edwards ignoraba que Neruda sería su ángel guardián, su guía y también su gran pretexto para escribir.

Un notable memorialista

Adiós, poeta, última obra de Jorge Edwards continúa y completa *Persona non grata* y ambas se unen en una intención central y común: dar libre curso a la memoria, exorcizar mediante la palabra que los saca a la intemperie y los deja expuestos y clavados en las páginas de un libro, esa galería de fantasmas que suelen penarnos.

Porque Edwards, en mi opinión, es un notable cronista, sostenido, de lenguaje simple y prudentes reflexiones intelectuales. Lo opuesto a las "antimemorias" de Malraux, enormes reconstrucciones de personas, de historia, detenidas y enriquecidas por un gran ensayista. Estos recuerdos de Jorge Edwards tienen que ver con su vida propia. Un "yo" que no logra controlar enteramente atraviesa todo, ya esté hablando de Fidel Castro o Neruda. Me parece que aquí está la explicación, y sus mayores defectos y sus mejores virtudes. Es la defensa que hace el soldado Bernal Díaz del Castillo en su *Crónica sobre la conquista de la Nueva España*, que él llama "la verdadera" cuando asegura: "Porque yo estuve ahí". Bueno, Edwards estuvo en todo lo que cuenta, en su vida, en su carrera diplomática que lo marcó a fuego, en su amistad con Neruda.

Con un tono coloquial, sin grandes pasiones ni juicios sobre su héroe, va desgranando a este hijo del maíz, Neruda. Y, de paso, se confiesa. ¿El resultado? Un libro de grande merecimiento.

Tal vez sólo para iniciados

Hay nombradas en sus páginas cientos de personas. *Name dropperismo* exagerado. Se habla, junto a grandes figuras de la política, las artes, la sociedad internacional, de gente como "el queque Sanhueza", de la Margot Rivas, Jaime Laso, Carmen Figueroa y muchos más chilenos que poco dirán a los lectores españoles, hispanoamericanos o internacionales, a menos que Edwards, en notas, explique mejor quiénes fueron o son. Yo los conocí, hasta al menor. De allí que la lectura de su libro tenga otro sabor. La biografía de Edwards, tomo II, es mi peripecia vital, de alguna manera. Allí me encuentro.

¿Se necesitaron?

Neruda no era hombre fácil. En mi generación casi nadie pudo aproximársele en términos de igualdad. Exigía la subordinación, el vasallaje, espantándonos. Edwards pasó todas las pruebas. Y sí fue su amigo. Sobre la base de no juzgarlo, ni insinuar siquiera una crítica sobre su obsecuente oficialismo stalinista, y luego sus sucesivas mudas de piel según las órdenes del "apparatichk", contra esto, a favor de aquello, prodigando "odas" y "loas", escondiéndolas, borrándolas de sus *Obras completas*, mintiendo cuando se lo ordenaban, desmintiéndose luego.

¿Gran poeta? Sin duda. Y gran político, además. Enorme relacionador público de sí mismo. Figura, junto a Ilya Ehrenburg y Louis Aragón, entre los mayores flexibles inflexibles de la ortodoxia marxista.

Tengo una querida amiga que acaba de sostener esta teoría, que comparto: Neruda necesitó a Edwards, fascinado por el esplendor del apellido. Había tratado por años y en vano de ser amigo de Joaquín Edwards Bello; sin éxito, visto el esteparismo del enorme escritor. Y Jorge Edwards también necesitó de Neruda, que le abría visiones de cumbres intelectuales en el mundo. Ambos cuidaron esta amistad. Y en el caso de Jorge, como lo deja de manifiesto este libro, la lealtad que tuvo hacia Neruda lo llevó a la crítica aceptación de su abusador amigo.

El espinudo Neruda

Edwards ve por primera vez a Neruda vestido con un traje de gabardina color verde botella y zapatos de gamuza, a finales de la década del cuarenta. Neruda regresaba del Oriente, de España. Era el gran luchador, el primer miliciano. Aquí debe enfrentarse con sus dos enemigos profesionales, Vicente Huidobro y Pablo de Rokha, que con enorme entusiasmo retoman estos trabajos iniciados mucho antes. Huidobro decía (citado por Edwards en su libro): "Pablo Neruda es igual de tonto que los escritores criollistas. Va al campo y ve las mismas cosas que ellos. Ve, por ejemplo, que las vacas rumian y que los bueyes se mueren. Pero él, más astuto, les pone aceitito vanguardista. En lugar de escribir: 'el buey se muere', como escribiría un Luis Durand o un Mariano Latorre, escribe: 'la muerte llega a la lengua del buey'."

Neruda contraatacaba con violencia. Los tres se dieron como terroristas de la pluma, produciendo terribles diatribas. Los *Tercetos dantescos* de Neruda son tan excrementicios como las peores invectivas de De Rokha. Cosas de muchachos. Sí, pero Neruda no perdonó. ¡Nunca! En sus memorias que siguió revisando y escribiendo hasta días antes de morir no pudo evitar dedicarle innobles párrafos a De Rokha, a quien en el índice onomástico de su libro, coloca en "Palothes, Perico de" y lo llama "matón intelectual y físico, grafómano irredimible, perdonavidas, que se rodea de una pequeña corte de pobres diablos que lo celebran". De Rokha estaba muerto hacía muchos años.

Contra Altazor

Con Huidobro, Neruda perpetra un asalto aún más grave. En *Confieso que he vivido*, páginas 182, 183, 184, cuenta una historia fantástica. Es así:

Un tren de escritores e intelectuales organizado por André Malraux en solidaridad a la España republicana avanza hacia la frontera. Neruda: "Vallejo y Huidobro estaban en alguna parte del tren. André Malraux se detuvo un momento a conversar conmigo.

"Recuerdo que el tren se detuvo por largo tiempo en la frontera. Parece que a Huidobro se le había perdido una maleta. Como todo el mundo estaba ocupado o preocupado por la tardanza, nadie se hallaba en condiciones de hacerle caso. En mala hora llegó el poeta chileno en la persecución de su valija, al andén donde estaba Malraux, jefe de la expedición. Éste, nervioso por naturaleza, y con aquel cúmulo de problemas a cuestas, había llegado al límite. Tal vez no conocía a Huidobro ni de nombre ni de vista. Cuando se le acercó a reclamarle la desaparición de su maleta, Malraux perdió el pequeño resto de paciencia que le quedaba. Oí que le gritaba: –'¿Hasta cuándo molesta usted a todo el mundo?' ¡Váyase! *Je vous emmerde!*"

Sigue Neruda: "Presencié por azar este incidente que humillaba la vanidad del poeta chileno. Me hubiera gustado estar a mil kilómetros de allí en aquél instante..."

Insiste una línea más abajo: "Y me tocaba a mí, chileno como él por añadidura, y no a cualquier otro de los cien escritores que viajaban ser el exclusivo testigo de aquel suceso."

Remata, luego, con un gesto noble, pidiéndole a unos jóvenes escritores:

–Vayan a ver también a Huidobro que debe estar solo y deprimido.

Esto es el testimonio de Neruda.

"Oí que le gritaban", "Presencié por azar este incidente" y, luego pidió que fueran a ayudar a Vicente.

Recuerdo que cuando leí este párrafo, sin excusar en modo alguno la conducta de Huidobro, sentí cierta incomodidad de que Neruda lo mencionara en sus recuerdos. Como De Rokha, Huidobro había sido su enorme enemigo y ambos estaban oceánicamente muertos.

Lo que cuenta hoy Jorge Edwards

Pues bien, nuestro nuevo cronista, a mediados de 1990, habla largo y tendido con Octavio Paz en México, quien le reconoce la grandeza lírica de Neruda. Le afirma que "su error fue la política". Y pone las cosas en su lugar en el incidente de las maletas de Huidobro:

"Me acuerdo que nos encontramos con Luis Buñuel, que también viajaba. *Neruda, en sus memorias, miente, porque Vicente Huidobro no viajaba en este tren.* Huidobro no se peleó con Malraux por un asunto de maletas, como cuenta Neruda."

No había perdonado. Inventó esta triste historia para enterrar a Altazor, al pájaro de lujo, al antipoeta y mago. Jorge Edwards reproduce las palabras de Octavio Paz sin saltar a conclusión alguna.

La generosidad de Edwards hacia su amigo

El libro está lleno de gestos amistosos del novelista hacia el poeta. Neruda le prohibía cosas, le aconsejaba sobre otras. Cuando Edwards era consejero de la Embajada del Perú adviene Neruda con una carta de Salvador Allende para el general Velasco Alvarado. Le pide lo acompañe. Edwards espera en una antesala del Palacio de Gobierno. Pensó que iban a ser unos quince minutos. "Se prolongó por espacio de más de dos horas", explica: Neruda baja finalmente. "El presidente lo había dejado a almorzar con él, se divirtió mucho..." De la lectura del episodio se infiere que Neruda no tuvo la preocupación de avisarle a Edwards. Era despreocupado.

"¡Ten cuidado!", le pedía a Edwards, en los peores momentos del 'caso Padilla' (el poeta Heberto Padilla, encarcelado por Fidel Castro, luego en libertad tras una infamante autocrítica, hecho que dividió a los colonos hispanoamericanos de París en dos facciones, los que estaban con Vargas Llosa y Goytisolo por la defensa de la dignidad del escritor y los que adherían a Fidel Castro y a Julio Cortázar). "¡No firmes nada!", le exigía. En otra parte: "¡No te metas con Goytisolo!" A Octavio Paz, años antes, le había ordenado que no viera a Huidobro. Le pide a Edwards cuando llega a acompañarlo a la Embajada en París después de sus peripecias en Cuba, que escriba todo, todo, pero que no lo publique todavía. "Yo te diré cuándo", le dice, generoso.

Un poco más del Neruda político

El libro permite atar cabos. Neruda y Trotski. "Nosotros no matamos a Trotski, pero no fue por falta de ganas" –afirmó el poeta a unos amigos comunistas franceses. En *L'Express* expresó que había conocido a David Alfaro Siqueiros después que éste intentara asaltar y dar muerte a León Trotski. "En la cárcel", dijo. Una noche, comiendo en París en el Luis XIV, Neruda se acuerda del Libro de Oro del restaurante y pide verlo para mostrarle a Edwards la página que firmaran allí con Malraux. Aparece. Firman Malraux, Neruda y David Alfaro Siqueiros. Año 1939. Queda desmentido el conocimiento de Alfaro Siqueiros en la cárcel. Eran amigos de bastante tiempo antes de eso. "De una manera muy suya, se volvió olímpico, y yo le devolví su libro, sin comentarios, al dueño del restaurante" dice Edwards.

Neruda cena en un bistró del barrio latino con Sergio Larraín García Moreno y Edwards. El primero insinúa una crítica a la URSS. Neruda reacciona "como una fiera". Por esos mismos años Edwards está presente en un almuerzo del poeta con Ilya Ehrenburg, quien "habló con acritud de la censura intelectual y de los límites hipócritas que tenía el deshielo en la época de Kruschev". Según Edwards, Neruda escucha y calla. Porque esta vez se trataba de un miembro de "la Compágnie" como solía decir.

Olvidando por aquí, rectificando por allá, Neruda se abre paso hasta el Nobel. Tengo ante mis ojos el índice onomástico de su libro *Confieso que he vivido*. Allí *no figuran:* Azócar, Rubén. Su amigo del alma. Azócar, Albertina, su primer amor. Muñoz, Diego, otro de sus mayores amigos. Haagenar, María Antonieta: su primera esposa.

Olvidemos todo. Fue un gran poeta. Loco, mentiroso, oportunista, altanero, humilde, demagogo. ¿No hizo algo semejante un François Villon? al menos, Neruda no asesinó a nadie.

EL CASO DE NERUDA,
O NERUDA NO TIENE CASO

El socialismo esteriliza y mata a sus intelectuales.
El capitalismo los compra y vende. La casa del hombre
inteligente: la utopía. Sobre los economistas-teólogos.
En qué se reitera la fe en el hombre uno por uno.

El caso Neruda

No hablemos de Maiakovski, Gorki, Esenín. La lista es interminable y no ha concluido con Solshenitzin o Bukowski. Tuvimos un intelectual "honrado por el socialismo" en casa.

Es cierto que se defendió como gato de espaldas. Hablo de Neruda. Es verdad que recién el 8 de julio de 1945 ingresó oficialmente al Partido Comunista. Ya había escrito su gran poesía romántica, las tres residencias, Macchu Picchu, toda su *ópera magna*. Pero se esperaba de él algo aún mayor.

Tras sucesivos viajes a Moscú y giras europeas, la niña de la boina gris y el último otoño es desplazada por Lenin.

"Lenin, para cantarte..." "Me gusta ver a Lenin pescando en la transparencia", "Así, Lenin, tus manos trabajaron", "Lenin, hombre terrestre", "Lenin, gracias te damos los lejanos", "Gracias, Lenin, por el aire y el pan y la esperanza".

Se enamora de Stalingrado (que estaba más en ruinas que una vieja novia) dedicándole dos cantos de erotismo político-urbanístico.

Stalin es la cosa

Donde Neruda "muestra la hilacha" es en su adoración a Stalin. Es cierto que en 1953 recibe el Premio Stalin de la Paz. Vienen los poemas:

La mirada de Stalin a la nieve, tejida con tu sangre Stalingrado.

Stalin dijo: nuestro mejor tesoro es el hombre.

En tres habitaciones del viejo Kremlin/ vive un hombre llamado José Stalin/ Tarde se apaga la luz de su cuarto./ El mundo y su patria no le dan reposo.

Siguen. Espigo:

Acrecentando sobre la firmeza/ de Stalin y sus hijos.

Esa espiga de oro que desde la generosa tierra de Stalin. La unánime muralla del socialismo/ el peso del puño de Stalin.

Y éste: *Vino Lenin/ cambió la tierra/ luego Stalin/ cambió el hombre.* (Claro, dejó la tendalá, los cambió por otros, purgas desde 1930 en adelante, fue una especie de aceite de ricino).

Cuando se muere Stalin, Neruda es estremecido por el dolor: *como si de repente se quebrara la tierra.*

Lo encuentra *sencillo como tú y como yo.* (¿Neruda sencillo?) *Stalin es el mediodía/ la madurez del hombre y de los pueblos.*

El desborde staliniano es increíble *Stalininos. /Llevamos este nombre con orgullo.* Lo llama "capitán lejano". Y termina por ahí: *levantando el amor sobre la tierra/ con la palabra Stalin/ en millones de labios.*

Muy bien, admiraba a Stalin. Pero, "por órdenes del Partido. Y por otras órdenes *dejó de admirarlo, olvidó que había escrito sobre él*".

Cuando un poeta se mete a político

Lo que sucede es que el quehacer político (en su acepción, en su entendimiento más pobre) tiene demasiado que ver con la mentira. Arreglines, pactos secretos, cegueras estratégicas, traiciones programadas, oportunismos sin escrúpulo alguno. Entonces los poetas cuando caminan por estos territorios que casi siempre ocupan hombres inferiores, meten la pata.

Neruda la metió en forma. El caso Stalin fue su lápida en los últimos años de su vida.

Stalin, capitán

> *Camarada Stalin, yo estaba junto*
> *al mar en la Isla Negra*
> *descansando de luchas y de viajes,*
> *cuando la noticia de tu muerte llegó como un golpe.*

Neruda sintió como un grito gigante. El mundo entero estuvo al borde del colapso. La falla de San Andrés comenzó a temblar. Y todo porque:

> *Stalin, con su paso tranquilo*
> *entró en la Historia acompañado*
> *de Lenin y del viento...*

Señaló la cortesía de Lenin de esperarlo.

> *Stalin desde entonces*
> *fue construyendo.*

Y Neruda pasa información confidencial: Llenó Rusia de escuelas y harinas, de imprentas y manzanas. Hizo un montón de cosas post-mortem. Hasta milagros. Por ejemplo:

> *Los desiertos cantaron por primera vez con la voz del*
> *agua.*

Aquí se olvidó de la Biblia; por lo menos debió haber dicho "por segunda vez". Pero Stalin estaba más vivo que nunca:

> *Stalin construía*
> *Nacieron de sus manos cereales.*

Esta agricultura manual, hidropónica, fue uno de sus aportes. También le nacieron de las manos muertas:

> *tractores, enseñanzas, caminos.*

Y el padrecito Stalin, el ángel del Comité Central, ni se arrugaba.

Sencillito el martilloto. Neruda entonces se plantea una meta, una filosofía de vida:

> *Ser sencillos como él*
> *Pero lo aprenderemos*
> *Su sencillez y su sabiduría*
> *Su estructura de bondadoso pan*
> *y acero inflexible.*

Chitas con el gallo bien sencillo. ¡La pucha! *Cada día nos ayuda a ser hombres* –termina. Y no termina, porque sigue y sigue.

El gran piropero

Lo que pocos saben es que Stalin:

> *también ayudó a los manzanos*
> *de Siberia*
> *a dar frutas bajo la tormenta*

cosas que ni el presidente de la Fundación Neruda, Juan A. Figuerosa, ha conseguido por estos pagos. Los exportadores de frutas deberían levantarle una estatua.

> *En tres habitaciones del viejo*
> *Kremlin*
> *vive un hombre llamado José*
> *Stalin*
> *Tarde se apaga la luz de su*
> *cuarto.*

Tenía trabajo. Pega extraordinaria, revisar listas de miles que iban al Gulag. También Neruda afirma que vio una paloma, la de la Paz, la de Picasso. La Paloma:

> *...chorreante rosa perseguida*
> *se detuvo en sus hombros y*
> *Stalin, el gigante*
> *la levantó a la altura de su frente.*

Ni a Matilde Urrutia piropeó tanto. Un ataque "de pata" sin par en la poesía del mundo. ¿Quién lo obligaba?

Doblemos la hoja sobre más de quinientos de sus *Obras completas*. Retórica, panfletos, discursos, libelos, oratoria oportunista. Ese Neruda se enterró a sí mismo en el olvido hace muchos años.

Pero hay otro magnífico: el romántico, el de *Crepusculario* y los *Veinte poemas*. El Neruda de las *Residencias*. Cuando estaba libre del amor por Stalin y llegaba la niña de la boina gris o Melisanda, o Josie Bliss o cuando la inmensa amada que era la suma de todas, se le iba como un crepúsculo:

> *Entonces, ¿dónde estabas?*
> *¿Entre qué gentes?*
> *¿Diciendo qué palabras?*
> *Por qué se me vendrá todo el*
> *amor de golpe*
> *cuando me siento triste y te*
> *siento lejana.*

Este es el Neruda que amamos. Llorábamos leyéndolo. Tal vez aún sigamos llorando un poco. Éste es el corazón. Cuando pase el tumulto, iré a colocar una piedrecita blanca en su tumba.

Neruda en su descanso final

Compañeros, enterradme en Isla Negra
Frente al mar que conozco, a cada área rugosa
de piedras y de olas que mis ojos perdidos
no volverán a ver

escribió en *Disposiciones* con bastante antelación. Y para
Matilde:

Abrid junto a mí el hueco de la que amo, y
un día dejadla que otra vez me acompañe en la
tierra.

Ya era tiempo. Del nicho helado en que los militares te
pusieron. Viene la fiesta funeral. El próximo viernes 11
de diciembre, a las cinco de la tarde, exhumación. Hablan
Rodolfo Reyes, un pariente. El poeta Jaime Quezada. El
Secretario General de Gobierno, Enrique Correa. Y cierra
el acto, por el Partido Comunista, Gladys Marín. Luego,
al Salón de Honores del ex Congreso. Velatorio. Hablan
Juan A. Figueroa, ministro de Agricultura; Diego Muñoz
(escritor de la SECH, hijo y nieto de Muñoces), Volodia
Teitelboim, por el Partido Comunista y Enrique Silva
Cimma, por el Gobierno. A las tres de la tarde del sábado,
a Isla Negra. Recibirán las cenizas del matrimonio el
presidente Aylwin y su comitiva. *Egmont* frente al mar.
Beethoven.

Con el pretexto del funeral se hará el estreno "mundial" de la obra de Fernando García: *Se unen la Tierra y el Hombre*, basada en versos de Neruda. Único orador, el presidente Aylwin.

Muy bien, pero ¿y los poetas?

¿Por qué no estarán allí, en lugares de honor? Pienso en Juvencio Valle, en Nicanor Parra, en Gonzalo Rojas, en Miguel Arteche, en Armando Uribe, en Alfonso Calderón, en José M. Ibáñez, en Efraín Barquero, en Jorge Teillier. Pienso en Rosa Cruchaga, en Delia Domínguez, en Cecilia Casanova, en Teresa Calderón. Hay unos 30 poetas que ganaron su derecho, pluma en ristre, para ser incorporados a estos homenajes. Es verdad que no podrían hablar todos. Pero unos versos breves de Neruda, leídos por cada uno valdrían más que poderosos discursos típicos, tópicos, llenos de almíbares retóricas, redactados por secretarios y leídos por políticos y funcionarios de Gobierno.

La hora de la muerte tiene que ver con la verdad para siempre. Son los poetas los que deben despedir a Neruda. Creo. Imagino la zalagarda: "¡Neruda vive!", dirá algún vivo, de esos chistosos. "¡Neruda, presente!", gritarán en el camino los chicos de "Venceremos". Un bosque de banderas rojas. Los "MR" y el MIR a la cabeza. ¿Llegará Alberti al funeral? Ya no queda nadie, de esos tiempos de la casa las flores, en Madrid.

Desentierro y entierro de Neruda

Me permití adelantar esta ceremonia, imaginándola. Una semana antes, con exactitud. El gobierno (en un gesto que agradezco, porque demuestra que me lee, acata y cumple) obedeció fielmente mis visiones. Hay unas fotos. Van con la urna hasta la tumba. El presidente Aylwin, el ministro de Agricultura, un ministro uruguayo que vino a turistear y a capitalizarse políticamente; un tal Amado (debió haber estado Jorge Amado, viejo amigo de Neruda, y en su calidad de poderoso novelista. En vez, un argentino homónimo, poeta de la resistencia, a la poesía). Se veían figuras como Gladys Marín, Luis Corvalán, Volodia Teitelboim ¿Y los escritores?

Abajo, en la playa, unos tres mil comunistas de variadas cosechas. Los viejos con los miristas, los manuel rodriguistas, los rockeros-sociales, los sico-rockeros, los rockeros-trotkistas. "Este es el homenaje que hubiera querido nuestro poeta –conjeturó Gladys Marín– que el pueblo lo recibiera. En el Gobierno hay un temor obsesivo a la presencia del pueblo. Pero los que están aquí en la playa, están hablando por todo el pueblo." Ignoraba esa representación. El presidente Aylwin, en su discurso (el único que hubo, por fortuna) se lanzó contra el toro popular.

Una banderilla para acallar la rechifla: "Desde la política golpeó contra la injusticia –dijo, generoso–, y si en su pasión tuvo espejismos que la historia se ha encargado de desvanecer..." ¡Hasta aquí no más llegó! La silbatina fue gigantesca. Consternación y hasta pánico en el palco presidencial. Pidió silencio. Nada. Hacían gestos, los del populacho del Coliseum romano, pidiendo la muerte del gladiador o del cristiano. Un final penoso. Que Aylwin ciertamente no se merecía.

Pero la imprudencia y hasta la vanidad crean estos problemas. Mi idea: que Nicanor Parra y Gonzalo Rojas y dos o tres poetas de estos de altos coturnos hubieran leído en su tumba breves poemas de *Neruda*. Nada más. En fin, echemos tierra a todo este asunto.

La utopía es la que hace crear "bienes" y "servicios" a Shakespeare. La utopía es la que obliga a traicionar todas las revoluciones cuando éstas traicionan al hombre mismo, a cada Juan o Pedro o Miguel, en nombre de "todos los hombres". La utopía postula la belleza y la libertad, amén del dinero y el pan nuestro. Postula la Eternidad. A los hombres no los unen las revoluciones. Ayatolianios y Gadafílicos, soviéticos, chinos, cubanos, con sus planificaciones racistas, con sus intolerantes teorías islámicas, con sus nacionalismos, ¿qué tienen de común? Trotski previó una sola gran marejada revolucionaria, en permanente re-invención. Los revolucionarios hoy, al terminar este siglo, están más desunidos que los radicales.

Hay que pensar. Podemos movernos con ideas equivocadas. A lo que no tenemos derecho es a carecer de ideas. Y apaguemos las lamparitas de aceite en los adoratorios del *Big Money*. La Deuda Externa es, también, la Deuda Eterna. Del hombre con el hombre, y del hombre con Dios. No puedo evitar un recuerdo que hace Ernesto Sábato:

"Una tarde de 1947, mientras iba caminando de una aldea de Italia a otra, vi a un hombrecito inclinado sobre su tierra, trabajando todavía afanosamente, casi sin luz. Su tierra labrada renacía a la vida. Al borde del camino se veía todavía un tanque retorcido y arrumbado. Pensé qué admirable es, a pesar de todo, el hombre, esa cosa tan pequeña y transitoria, tan reiteradamente aplastada por terremotos y guerras, tan cruelmente puesta a prueba por incendios y naufragios y pestes y muertes de hijos y padres."

Dime en qué crees. Utópicos, en la tierra y en las nubes. Aquí existen los "creídos" y los que creen. Pero, ¿en qué colocan su fe estos creyentes?

Sin modestias les sugerimos a administradores civiles y militares, a logreros, internistas, lanzas legalizados, empresarios-teólogos, filósofos-prestamistas, que busquen ayuda en los intelectuales y en sus poderosas utopías.

No nos crean exánimes, exangües, lánguidos observadores. El no compromiso frente a contingencia de pasiones y oportunidades no nos exime de la conciencia crítica. Hay que decir con Hyperión: "es una época mejor la que tú buscas, un mundo más bello". Hölderlin –el mismo poeta que bailara en Tubinga con Hegel y Schelling alrededor del árbol de la libertad, que acababan de plantar en homenaje a la Revolución Francesa– dirá más tarde "ya no me intereso por el hombre individual, ahora mi amor va al género humano". ¿Dónde buscar? ¿En el hombre con rostro, o en la abstracción? La fe sin límites en el capitalismo es una utopía (y de las pobres). La fe en el internado político policial del marxismo, otra. El intelectual, alimentado por la "sofrosine", por sus pasiones contenidas, en su nido de águila (más de palomas) bien puede soñar tranquilo la utopía. No escapa, ni se resigna ni se irresponsabiliza ante su historia. Contribuye a ésta con el *esprit de finesse*. Con la poesía de los alcázares del corazón o la cabeza.

Comunismo, capitalismo. Es que tienen que existir otros senderos en este jardín. Pienso en un cuento de Max Eastman.

−¿No nos hemos visto en Cincinnati?
−Yo nunca he estado en Cincinnati.
−Yo tampoco: Deben haber sido otros dos.

Un secreto para entender a Neruda: mirar su corazón. Sus arritmias infantiles, sus temblores, los entrecruzamientos de palabras mágicas, de roces de manos de niñas, de adolescentes. Trueques de besos por risas, de ovejitas de juguete por coleópteros fosforescentes, en casas precarias de maderas con jardines interiores y huertas bajo manzanos agusanados que se comunicaban, en medio de la lluvia; los asados, las comadres lavando en artesas, los parientes, allegados, sobrinos, primos y unas mujeres misteriosas que aparecían a mediodía en batas y con profundas ojeras y mucho ruido de conspiradores en trajes de dormitorio y camas crujiendo, lechos de bronce soltando risas y a veces llantos, rezongos de muros, la casa entera parecía gemir eróticamente cuando gemían los amantes en medio de temporales, braseros, huasos a caballo que entraban, huaso y caballo, hasta las grandes cocinas y mantas de Castilla exhalando vapores; y compadres jugando rayuela y bebiendo ásperos vinos, comiendo avellanas tostadas, tortillas con chicharrones, devorando perniles con ají, mientras en grandes ollas se preparaba un poderoso cocimiento de orejas de cerdo. Muertes, bautizos, cumpleaños, alumbramientos, niñas luminosas bajo los manzanos, disparos en medio de la noche, niñas aromadas por los aromos por julio, niñas mimosas como la flor de esas mimosas que eran del color de sus cabellos de lino, niñas-Melisandas, niñas-Beatrices, mestizas de alemanes, de franceses con españoles y mapuches, garzas blancas inalcanzables, entrevistas a través de unos cristales, recubiertas por púdicas cortinas de gasas, colegialas morenas, de ojos encendidos y cabelleras negras, gruesas, sedosas.

Eran otros tiempos. La Frontera, los trenes, las estaciones. El tren nocturno que pasaba recogiendo estudiantes para repartirlos en Santiago, en institutos y universidades. Años de Albertinas y de Lauras. Y de un joven poeta, flaco, hambriento.

Amo el amor de los marineros que besan y se van

El Sur era Temuco y más allá. Y Victoria, Lautaro y Traiguén, Lebu y Collipulli. La juventud ambiciosa corría a la capital. En esos tiempos transformarse en un profesor era un destino alto y digno. Neruda ingresa al Instituto Pedagógico a estudiar francés. Allí conoce a Albertina Azócar. Y a su íntima amiga, Laura Arrué.

La primera, de grandes ojos dormidos, hermana de uno de sus más devotos amigos, el novelista Rubén Azócar. La segunda, pupilas verdes, de alfalfa nueva, relampagueantes. Risa asoleada.

El joven Neruda decide enamorarlas simultáneamente. Sabiendo que ellas se comunicaban todo. Las ataca con poemas, con tarjetas y dibujos, con citas, cartas y frases enigmáticas. Albertina se defiende. Neruda arremete con por lo menos diez de sus *Veinte poemas de amor*. Es su musa, esta niña con ojos de tren nocturno.

En algún instante de esa juventud, cuando ésta ya declina, Neruda viaja al Oriente, a Rangoon. Solo y melancólico las pide en matrimonio. A las dos, a Albertina y a Laura. Que tomen un buque y corran a sus brazos. Cartas a cada una de ellas.

¿Pensó, tal vez, que esas íntimas amigas mantendrían esta petición de matrimonio en secreto? ¿Para qué lo hizo? ¿Fue un juego cruel? Albertina, según diversas evidencias, lo amaba. Al descubrir la burla cerró para siempre su corazón. Laura, con algún estupor al principio, terminó riéndose. Todos eran tan jóvenes. Había tantas muchachas en el mundo de los sueños del poeta, la del balcón frente a la plaza, y la que vino con la canción de la fiesta de la primavera, y las que corrían entre las espigas y en Santiago, las que paseaban con boinas grises y blancas y azules, y ese era el sueño, "morir, y todavía amarte más, y más", soñar el amor, no el de las mujeres de carne y hueso sino el maravilloso amor que está y no está, que persiste invisible moviéndose por el aire del mundo.

Hasta su muerte vivió en estas atmósferas. Jugando al "pololeo", como le llamamos por nuestras tierras, iniciando unas delicadas cacerías, el flirt, el enamoramiento de temores y ansiedades y risas, y los equívocos y los llantos de las amadas paralelas y las apasionadas explicaciones y todo con mucha algarabía y complicidades de amigos y hasta de parientes.

Me parece que es una hipótesis importante ésta del niño cruel y enamorado del amor. Junto a la otra del poeta revolucionario, mesiánico, predicador, dueño de potentes discursos líricos. Y aún queda otra cara, la del Neruda devorador de los alimentos terrestres, la de un masticador de muchas muelas que trituraban carnes y huesos, en medio de jugos gástricos y un potente tubo digestivo.

El sapo-príncipe delicado y sentimental, juguetón y

melancólico, embrujado de amor por la luna. El hombre portaestandarte de la utopía marxista, obediente, frío, disciplinado y pragmático; y en su tercera verdad este elemental Rabelais gargantuesco, pantagruélico, tragando y bebiéndose el universo.

Tal fue su país encantado, maravilloso. De los tres mundos, el del amor ganó la partida. Le acompañó hasta el último suspiro. Suspiró antes de irse y se fue enamorado, se murió "amando".

Como intentaremos probarlo.

Las fuentes escondidas

Alguna vez hablamos con la escritora Sara Vial sobre ese Neruda pícaro, amable, fiestero, coqueto. Y alguna vez, también, surgió en la conversación el tema de su último amor. Que no fue Matilde Urrutia. Que tampoco fue Sara Vial.

Se trató de algo cierto, que duró hasta su último aliento. De una mujer que siempre vivió, por su propia decisión, en la penumbra. Que aún sigue en esa obscuridad.

A la que Neruda escribió cartas de amor, treinta, cincuenta y más cartas de amor. Y poemas desesperados.

Ella –hoy de más de cincuenta años– rechaza la idea de mostrar esa memoria, ese recuerdo de su gran amor. Porque Neruda la amó y ella amó a Neruda. Pero, ciertas circunstancias hicieron imposible pensar seriamente en nada. Neruda enfermo, viejo. Casado, además, con su tía, que la había protegido en algún momento. Todo era inimaginable.

Preguntando por aquí y por allá fui atando cabos y recomponiendo este tejido. Melisanda sí existió. Pero, ¿cómo invadir su privacidad a la que tenía el más legítimo derecho?

Ni siquiera lo habría intentado si no hubiesen aparecido referencias claras y distintas sobre esta pasión crepuscular de Neruda en el libro *Adiós, poeta* de Jorge Edwards y luego, informaciones aún más pormenorizadas en la biografía que escribiera sobre su gran amigo, Volodia Teitelboim.

Estos antecedentes en alguna medida avalan y ayudan a explicar mis revelaciones. Murió Neruda. Murió Matilde Urrutia.

Jorge Edwards supo lo sustantivo de esta pasión cuando trabajaba con Neruda en la Embajada de Chile en París. Es posible que, por respeto a su amigo y a Matilde, o porque no juzgó importante el episodio, se excusara de abundar en mayores detalles. Ni siquiera entregó el nombre de la amada.

Lo que aparece en el libro de Jorge Edwards

Citamos:

"El Poeta se había enamorado en Chile, en vísperas de salir como embajador, de una mujer bastante joven, de piel clara, de formas exuberantes, colocada por las circunstancias en la cercanía suya. Matilde, al parecer, había partido de viaje de Isla Negra a Santiago, se había arrepentido a mitad del camino, movida quizá por una súbita 'intuición femenina', y los había sorprendido *in fraganti*, para utilizar la expresión del antiguo Código Penal" [pág. 295].

Edwards se equivoca al afirmar que ese amor había estallado en vísperas del viaje de Neruda a Francia. Tenía cierta antigüedad, meses de incubación en los que Neruda jugó el juego del gato con el ratoncito, comprometiendo algunos íntimos amigos, parientes, un hermano de su amada a quien quería mucho y llamaba "el marinero", que ofició como correo del amor. Su amada y "el marinero" cuidaban las diversas casas cuando el poeta con Matilde se ausentaban de Chile. Hubo un proceso de acercamiento, paso a paso, puntada a puntada.

Matilde, por su parte, había percibido en ese tiempo toda suerte de inquietantes síntomas. Miradas cómplices, roces. Y un Neruda misterioso, pensativo, alegre. Además, los rumores, las confidencias de amigas, "cuidado, el poeta ama otra vez", cosas así.

Decide salir de dudas. Tiende una trampa. La amada presunta vivía con ellos. Era su sobrina y veinte años menor.

"Ardió Troya —escribe Edwards— el personaje de marras no tuvo más alternativa que tomar una considerable distancia, cayendo en el destierro de los barrios más o menos modestos, y las cosas recobraron, al menos en apariencia, su normalidad. Pero el Poeta había mordido una manzana juvenil, regozante, bien formada, y no pudo quedarse tranquilo". [*Idem.*]

El último y grande amor llega justamente cuando Neruda estaba enfermo de muerte. El embajador de Chile en Francia se paseaba moviéndose como un elefante herido, como un saurio con los días contados. Elaboraba planes locos. Le propone a Edwards que alquilen una *garçonniére a medias* explicándole" "Mientras más viejo, más caliente me pongo".

También, que lo encubra. Porque no ha cesado la relación con Alicia, desde que ésta saliera desterrada de Isla Negra. Así, comenzaron a llegar cartas de amor, a nombre de Jorge Edwards pero que eran para Neruda. Le pidió que las guardara celosamente y se las fuera entregando con el mayor sigilo.

Cuando le otorgan el Premio Nobel, en palabras de Edwards:

"...mientras Pablo acumulaba felicitaciones, tarjetas, telegramas, encima de un brasero colocado a sus pies, recibí un cablegrama de Chile dirigido a mí, que me daba abrazos y besos apasionados por haber ganado el Nobel. Se lo entregué al Poeta con la reserva obligada, sin comentarios".

Las cartas de amor cruzaban el Atlántico. A veces, unas encomiendas en que Neruda enviaba regalos, ropa para la hija de esa misteriosa amada. Neruda hacía planes para instalarla en París en un departamento. La enfermedad avanzaba. El amor, avanzaba.

Lo que cuenta Volodia Teitelboim

Si alguien hubo que conociera bien a Neruda, ese fue Volodia Teitelboim. En su doble militancia de eminencia teórica y administrativa del Partido Comunista, cuya conducción manejó con las más variadas estrategias políticas, y en su calidad de poeta, novelista, ensayista.

En su libro reciente, el definitivo sobre el poeta titulado exactamente *Neruda*, reaparece la historia que narra Edwards sobre la amada secreta. Al igual que éste, tampoco la nombra.

Teitelboim acomete la empresa con grandes escrúpulos morales. En la primera edición de esta biografía, publicada en 1984, dice:

"El domingo siguiente por la mañana, voy a buscarlo a La Sebastiana. Matilde lo increpa entre burlona y seria. Lo trata de viejo verde. Riéndose, lo acusa. Todo parece alegre".

Entonces, Neruda, en un aparte, se confiesa con su amigo:

"Yo tengo que poner distancia –le dice– salir por un tiempo, pero al servicio del gobierno. Creo que debo ser embajador en Francia. Convérsalo con los compañeros. Y si están de acuerdo, que se lo propongan a Salvador".

Es todo lo que aparece allí en esa primera edición. ¿Por qué lo había calificado Matilde como viejo verde? Volodia no da luces. Es leal, prefiere que pase el tiempo. Hubo una segunda edición en 1985 y una tercera en 1990. Recién en la cuarta, de 1991, que tengo ante mis ojos, Teitelboim va a levantar el velo.

Que ya había alzado en buena medida Jorge Edwards en *Adiós, poeta* publicado un año antes.

El sátiro que gime

A modo de explicación por su silencio Teitelboim dice:

"Introduzco una pocas líneas más explícitas dos años y medio después de la muerte de Matilde. Ahora este recuerdo no puede dolerle".

Y refiere la escena que calló en las ediciones anteriores de su biografía:

"Matilde se encontró un día con un cuadro que no

era exactamente una naturaleza muerta. Era demasiado vivo..."

"Pablo se aficionó a esa segunda mujer que se movía silenciosamente por la casa aislada junto a la playa. Parecía cariño de padre. Y oficiaba un poco de abuelo. Porque ella trajo a su hija, una pequeña pelirroja, que asistía a la escuela primaria del lugar. Dibujaba, a juicio del poeta, tan bien que decidió convertir uno de sus monos infantiles en la portada algo chillona de una voluminosa antología que por ese tiempo publicó Editorial Nascimento excepcionalmente..."

"Como dice su amigo García Márquez –agrega Teitelboim– no hay que confundir la fidelidad con la lealtad. Neruda fue siempre leal a Matilde. No le fue siempre fiel" [págs. 449-450].

La costurerita que dio aquel mal paso

Tenemos una parte del misterio. Yacente y susurrado entre amigos y amigas muy íntimos. Dicho y publicado por sus dos biógrafos mayores, Edwards y Teitelboim. Aunque sin ir al fondo de la identidad de la amada.

Neruda amó con la intensidad del invierno crepuscular que le envolvía ya, y de la moribundez que estaba acometiéndole. Amó a una mujer toda blancas colinas, muslos blancos, así la vio como a esas amadas en su adolescencia de Temuco, mujeres que se parecían al mundo en sus actitudes de espera.

Muy bien, pero, ¿quién era, quién es este grande y último amor? ¿Cómo se llama?

Se llama Alicia Urrutia Acuña. Y es sobrina de Matilde Urrutia, hija de su hermano Francisco.

Explico algunas cosas. Alicia fue casada con Jorge Campos, con el que tuvieron una hija, Rosario. Al parecer ese matrimonio resultó legalmente falso; Campos se habría casado con anterioridad. Alicia, excelente costurera, decidió abrirse paso sola en la vida, separándose sin pleitos. Su padre, Francisco, trabajaba en una fábrica de muebles. Gente de modesta situación. Los Urrutia fueron seis hermanos, tres hombres, tres mujeres. Uno de ellos, su tío Alberto, se suicidó por una investigación interna del Partido Comunista, del que era miembro. Esto sucedió en Chillán, en tiempos del implacable Galo González, quien manejaba el Partido con puño de hierro.

Matilde sabía todo esto. Detestó siempre a los viejos líderes comunistas a los que culpaba de la muerte de su hermano. Y se interesó en la suerte de Alicia y de su hija Rosarito. Matilde se llamaba Matilde María del Rosario. Quiso ayudarla y, tal vez, tener compañía. Otras coincidencias, Neruda en los tiempos de su amor adúltero y clandestino con Matilde, dirigía sus *Versos del capitán* a Rosario de la Cerda.

Recordemos, además, que Alicia es un nombre mágico para un poeta. Y que el viejo, frente al mar, solo, necesitaba un romance.

–¡*Tenía carita de manzana! ¡Cómo no iba a querer darle un mordizco Pablo*!– fue el comentario de una vieja amiga del poeta.

Descripción de Alicia

No hay fotos disponibles. Aún. Sé de una que está

guardada en la Fundación Neruda; no ha sido posible obtener copia de esta foto.

Pero, según testimonios, en esos años Alicia era una mujer blanca, de pelo muy negro y ondulado, aleonado como el de su tía, semejante en estatura, o sea, mediana baja. Bonita risa, boca jugosa, ojos pequeños, expresión humilde. A Teitelboim le llamó mucho la atención su poderoso "juego de té", esos pechos duros y jóvenes. A Neruda también. En el libro que le escribiera, *La espada encendida* la ve como:

Ancha de pechos, breve de boca y ojos

Y dice esas cosas raras que dicen los poetas, *que salía a buscar agua y era cántaro* y, además, que era *invisible y fragante*.

Isla Negra, soledad, nieblas de la mañana, Alicia y el poeta. Él, con los ojos precolombinos entrecerrados, con la piel amarilla, inmóvil como una antigua iguana, con su ávida lengua pegajosa y larga, larguísima, olfateándola. Con cualquier pretexto la llamaba. Siempre podía haber un botón flojo.

La madrastra y la cenicienta

Matilde era una mujer de muy mal carácter. Estallaba en unas cóleras oceánicas. Es cierto que se le pasaban muy pronto. Algunas. Otras, las que juzgaba defensa del ídolo, guerra santa o como se llamara, las preservó con voluptuosidad hasta su muerte.

"El error de Matilde" –me informa una fuente

fidedigna que conoció todo este *affaire*– "fue el haber tratado a su sobrina Alicia como a una Cenicienta. La hacía comer en la cocina, al extremo que muchos amigos que los visitaban pensaban que era una de las criadas. En una oportunidad en que Matilde, Neruda y un grupo de devotos se encontraban bebiendo whisky en la terraza, Pablo le sugirió a Matilde: ¡*Patoja, ofrécele a Alicia*! Y la respuesta de ésta fue poco más o menos: *Alicia no está acostumbrada a tragos tan finos*, a lo que Neruda, molesto, le recordó suavemente esos tiempos en que ellos tampoco podían beber whisky. Pero igual la tía se lo negó a su sobrina. Neruda no quiso insistir. Le tenía miedo a su mujer".

Alicia era una sombra inquieta en la laberíntica casa. Suave, calladita, hacendosa, recogía flores y preparaba unos ramitos para adornar las piezas, y siempre humilde frente a su máquina de coser, en su pieza de costuras. En otra ala de la residencia, en la torre, Neruda mirando al mar, lápiz en mano esperando que "su poesía" llegara a hablarle algo. Matilde, con sonoros trancos, hacía sentir su presencia vigilante, sube y baja, dando órdenes.

Amor, amor, no cruces la frontera

Neruda, como tantos, como casi todos los poetas del mundo, necesitaba del amor para seguir escribiendo. Los años habían disminuido su pasión por Matilde, que fue en su instante auténtica, es decir, imaginaria como todo amor auténtico. Lejos, el romántico capitán que le escribía versos a Rosario de la Cerda y se citaban en Capri, o en París. Más lejos aún ese año de

1946, esa tarde de primavera en el Parque Forestal en que Blanca Hauser los presenta. Estaban oyendo un concierto de música coral frente a la Escuela de Bellas Artes. Matilde era la Alicia de entonces, atractiva, sensual, toda blancas colinas. Se acariciaron como adolescentes.

También había quedado atrás, hundiéndose en el sifón del tiempo, esos encuentros mexicanos, el Congreso por la Paz, en 1949, en que volvieron a verse y protagonizaron la guerra del amor en campo de plumas como pide Góngora. Matilde queda esperando un hijo. "Va a ser solamente mío", le dice. No ignoraba que Neruda había perdido a Malva Marina un año antes, su niñita de ocho años. No ignora tampoco que Neruda tiene un amor muy fuerte hacia Delia del Carril, su esposa de entonces. El hijo de Matilde y Pablo no llega a nacer. Demasiada edad la de Matilde, tal vez.

Después, en Santiago, donde vivía con su Hormiguita en un nido de amor en Avenida Lynch, reaparece la pasión por Matilde.

Ella ha vuelto de sus giras artísticas por el mundo. Se está construyendo una casa en los faldeos del cerro San Cristóbal. Los amantes se tocan y regresan. Allí, entre rugidos de leones [auténticos leones africanos del Jardín Zoológico muy próximo] se aman fieramente. Y hacen planes.

Neruda necesitó siempre del clandestinaje y la infidelidad. Que era la aventura, el peligro. Matilde dejaba solos al poeta y a la Cenicienta. Iba a menudo a Santiago de compras, a tramitar derechos de autor, a revisar cuentas de banco, impuestos. Atendía las tres casas "Isla Negra", "La Chascona" y "La Sebastiana", y lo hacía bien. Era su vida. De pronto, por un viaje de la pareja al exterior, le pedía a Alicia y a su hermano Francisco, que se quedaran cuidándoselas.

Observemos de nuevo la situación: Neruda en su torre, o en la gran cama conyugal, frente al mar, con un lápiz muerto en la diestra. Alicia, con dedal y aguja, en una semi-penumbra, como en un cuadro de Vermeer, preparando trajes para su tía-madrastra, para bailes y saraos a los que ella jamás podría ir.

Presumamos que ella admiraba a Neruda. Que lo veía como a un dios. Es decir, como a alguien invisible. ¿Que estaba gordo, enfermo, viejo? Nada importaba. Cuando oía su voz de ganso del sur ya medio afónico, temblaba entera. Y, además, esos detalles tiernos, la taza de té, unos libros para Rosarito, el modo como le explicaba algo a ella, femeninamente víctima, incitantemente asustada.

Sara Vial recuerda una oportunidad en que visitó a los Neruda en Isla Negra. Ya se iba cuando advirtió que las *Obras completas* del poeta que había llevado expresamente para que se las dedicara, estaban sin la firma, por descuido de ella. Y ya el poeta se había retirado a su sagrada siesta. Nadie podía entrar al santuario de su largo sueño digestivo.

La propia Matilde le explicó a Sara que Neruda se enfurecía más allá de todo límite si le interrumpían ese descanso. Que ni ella se atrevía a hacerlo.

Luego, Matilde salió de la casa. Y Alicia, que había oído todo, se ofreció para sacarle el autógrafo. Sara Vial, espantada, trató de disuadirla. La iba a matar, sin duda. Y entonces Alicia, con su voz más suave y casi pícara, le confesó:

—*Yo puedo...*

Tomó el libro y como una ardilla se deslizó al dormitorio del poeta, no sin antes mirar por los ventanales la lejana silueta de Matilde caminando por la playa. Al poco rato regresó arrebolada, feliz, con el libro dedicado por Neruda a Sara.

"Fue una demostración impresionante de poder", me diría luego Sara Vial.

El jardín, la tía y el escribidor

Los fines de semana, viernes en la tarde, sábado, domingo, la casa de Isla Negra se llenaba de visitantes. Escritores, editores, políticos, amigos. Matilde se multiplicaba atendiéndolos. De repente perdía la paciencia y enviaba a la mitad a almorzar a la Hostería de doña Elena, distante no más de cien metros de la casa.

Pero, de lunes a jueves, soledad total. Sol a mediodía. El canto de las olas. Otras veces, el rugido del mar Pacífico. Matilde, con su temperamento autoritario, su vitalidad enorme que la hacía estar permanentemente en movimiento.

Neruda, soñando con Alicia y con el jardín donde ella jugaba "a irse". Afuera, las aguas azules. Adentro, un temporal en su corazón. "¡Ah, sentina de escombros, feroz cueva de náufragos!" Un libro estaba naciendo, algo trataba de escribirse allí, intentando salir. ¿Era el amor, otra vez?

La amada se llamaría con un nombre mítico, Rosía, surgido del fondo del tiempo de la Ciudad de los Césares. Sería una "hija de cesárea y labradora" –como la describirá en su extenso poema.

El poeta tendrá también que disfrazarse. Rhodo. Viene de los arenales del Gran Desierto. Rhodo, su cabeza "vivía en la bruma" (debía haber sido la de Rosía que venía de los ventisqueros).

Matilde llega con las compras. Harina, té, café, porotos, tallarines, verduras, frutas, carnes, mariscos, pescados, vinos, cajas de vino, galletas, pan. Remedios. Muchos remedios. El poeta sigue enfermo.

No, no es una enfermedad venérea como sospechó cuando lo acusa a Teitelboim diciéndole que era un viejo verde promiscuo [Neruda, no Teitelboim]. Hay algo más grave: los médicos le han dicho que tiene un cáncer prostático que avanza y avanza.

Rhodo, el dios, escribe y escribe. "No hay tiempo que perder. ¿No oyes clavar el ataúd del cielo?", parece susurrarle Huidobro. La tía observa desde lejos. Presiente que su sobrina de alguna manera pone un toque joven, una cierta sonrisa, en los sueños del poeta. No más que eso. No puede creer nada más. Por otra parte, está la hija de Alicia.

Y por una sonrisa que no crece

Siete años tiene Rosarito, la hija de Alicia, hacia 1970. Una niñita blanca, pecosa, rubita, con anteojos. Tímida como su madre. Neruda la observaba conversar largamente con su muñeca. ¿Pensó el poeta alguna vez en esa hija muerta hacía ya tantos años? ¿En su Malva Marina, su pobre niña nacida en Madrid, con una hidrocefalia progresiva y sin cura?

¿Pensó, entonces, en ese hijo que engendraron con Matilde en el valle de Anáhuac, ese hijo que no llegó a nacer?

Lo cierto es que Neruda desarrolló un limpio amor

de abuelo-padre hacia Rosarito. Le regalaba libros ilustrados. Le enseñaba canciones. Volodia Teitelboim la vio como "una pequeña pelirroja que asistía a la escuela primaria del lugar".

Neruda se preocupó de la educación de esa niñita. Hay un documento, el anuario del colegio La Maisonette en Santiago, correspondiente al año 1978, donde aparece la alumna Rosario Campos Urrutia, la hija de Alicia. Alicia y Rosarito vivieron en una casa en Santiago, en el barrio de Vitacura. Al parecer habría sido un obsequio del poeta a su Rosía. Rosarito más tarde estudió turismo en Puerto Montt. Hoy, casada, madre de cuatro hijos. Vive en Arica. Con ella, con Alicia.

Cada cierto tiempo el poeta quería reconstruir el hogar perfecto, ese en que iban a vivir todas sus mujeres amadas. Era su secreto, otro de sus secretos. Como Fellini en su película *Fellini 8 1/2*. Allí aparece el sueño del hombre que se niega a renunciar. El de quien desea por sobre todas las cosas de la vida recuperar a las mujeres que de alguna manera le amaron y a las que él amó. Incluso, las mujeres que no le amaron. La madre, las hermanas, las tías que le bañaban de niño, las enamoradas, las entrevistas, las transeúntes, las que sólo llegaron en los sueños, un rostro en el camino, todas, todas simultáneas conviviendo con él. Eso es la felicidad. Así, Neruda, con sus variadas musas de carne y hueso. En su libro dedicado a Alicia, están presentes, transfiguradas. Niobe la roja y Rama, la que robaba frutas. Y Abigail, Teresara, Dafna, Leona, Dulceluz, Lucía, Blancaflor, Loreto, Cascabela, Cristina, Delgadina, Encarnación Remedios, Catalina, Granada, Petronila, Doralisa, Dorada, Dorotea y está Beatriz y ahora Rosía.

Y una hija, su hija Malva Marina Trinidad. Desaparecida a los ocho años. Que ahora vuelve con Rosarito. El acucioso Volodia Teitelboim en su biografía sobre el poeta descubre un poema que Federico García Lorca le escribiera, titulado "Versos en el nacimiento de Malva Marina Neruda". Allí le dice:

> *Malva Marina, ¡quién pudiera verte*
> *delfín de amor sobre las viejas olas!...*

La niña, hija de María Antonieta Haagenar, su primera mujer, murió en Holanda en 1942, en casa de sus abuelos. Neruda no tuvo el valor para ir a despedirla. Pero esa muerte le penó, es decir, le produjo pena. *Estoy herido en solamente un pétalo*, le dice en su hermoso poema titulado "Enfermedades en mi casa". La hija que no logró vivir, que no vio crecer junto a él. Después, ese niño concebido con Matilde Urrutia que no alcanzó la luz. Y luego, Rosarito mostrándole sus dibujos. En Neruda, en su corazón, laten los últimos versos de su poema a Malva Marina. Aquí van esos latidos:

> *Y por una sonrisa que no crece, por una boca dulce,*
> *por unos dedos que el rosal quisiera*
> *escribo este poema que sólo es un lamento,*
> *solamente un lamento*

La lectura de La espada encendida

En la vieja mitología medieval Tristán convence al Rey Marcos, su amigo y protector, que nada ha sucedido entre él e Isolda.

La situación es la siguiente: el Rey sorprende a los amantes en el bosque, dormidos en un campo de flores. Entre Isolda la Reina y Tristán, hay una espada, la suya. Es la prueba. La espada de un caballero... "Sólo dormíamos" le dice a su Rey. Ignoramos si Marcos se lo creyó. Aunque en la Edad Media eran bastante caballeros y creyentes.

Neruda escribe su libro de amor, el de su amor hacia Alicia, y lo titula *La espada encendida*. ¿Pensó en Tristán e Isolda? Jamás lo sabremos. Lo que sí conjeturamos que quería y con urgencia –la poderosa muerte le había hecho ya la llamada final– era mostrar el libro a sus amigos, que lo leyeran ellos, incluida Matilde y que de alguna manera se supiera esto, que el mundo supiera que el poeta seguía amando. ¿Que ahora no era Matilde sino Alicia? Un detalle.

Así, convoca un día a "La Chascona", su casa en Santiago bautizada en honor de Matilde, a varios amigos para una lectura que harían los actores María Maluenda y Roberto Parada.

Se produce este acto. Asisten: Matilde, Volodia Teitelboim. Solo éste sabía la identidad de Rosía, la heroína del libro. Matilde, muy halagada, pensó siempre que era ella. Cuenta Volodia:

"Había cuatro lectores: el mismo Neruda, María Maluenda, Roberto Parada y el hijo de ambos José Manuel Parada [un joven talento múltiple, valioso, valeroso, funcionario de la Vicaría de la Solidaridad que la dictadura militar degollaría quince años después, junto al maestro Manuel Guerrero y al pintor Santiago Nattino]."

Se leyó el libro completo. En sus versos el poeta retoma el viejo mito de la Ciudad de los Césares hecha de oro y piedras preciosas. Y reflexiona sobre la felicidad, la sociedad perfecta, el comunismo primitivo, los hombres dichosos. Rhodo es Moisés. Tiene ciento treinta años. Rosía, la amada, "una piedrecita sin edad".

Todos se asombraron. Extraño texto, Matilde, secretamente halagada por eso de la piedrecita sin edad. Neruda se reía solo. ¡Qué triunfo! A veces cruzaba una mirada entre pícara y culpable con Volodia. Sólo faltó en esta escena Alicia. Pero era demasiado pedir.

Uma baboseira

Así califica a esta obra la brasileña Jurema Finamur, autora de un feroz libro crítico contra el poeta titulado *Pablo e Dom Pablo* (Editorial Nórdica, Río de Janeiro, 1975). Hasta donde yo sé, sin traducción al español.

Jurema Finamur fue tres veces secretaria del poeta en diversos períodos. En una especie de prólogo dice:

Durante mais de vinte anos cooperei, ainda que modestamente, con minha admiraçao a meu entusiasmo, para dar vida ao Mito Neruda. Hoje, escrevo este livro para ajudar a destruí-lo.

Su trabajo está lleno de resentimientos, furias y penas. ¿Qué le pasó? ¿Otra enamorada de Neruda?

Éste, según ella, intentó seducirla de un modo, es cierto, bastante burdo. Jurema era joven y atractiva. Cuenta que en Río de Janeiro, cuando le conoce, Neruda, luego de rendirle diversos homenajes le propone que trabaje para él, como secretaria. Tuvo una enorme habilidad para manejar secretarios y secretarias, de preferencia mujeres. Como la Mistral. Con sucesivas confesiones de impericias ("no sé nada de cuentas bancarias, de cosas legales" "no sé escribir a máquina" "no sé cómo corregir, no sé gramática ni ortografía...") reclutaba colaboradoras a las que iba transformando en incondicionales absolutas. Los sueldos eran casi simbólicos.

A Jurema Finamur la capturó en su red. *Hoje preciso de ti as tres horas. Venha buscar-me pontualmente*, le pide. Y la cita a su hotel. Jurema intuye algo. Su amiga Zelia, esposa de Jorge Amado, está con ella. Jurema ha tenido diversos trabajos con motivo del Congreso en que todos participan. Está exhausta. Zelia, que admiraba mucho a Pablo, se ofrece para ir en su lugar. Además, Pablo era muy amigo de su esposo.

Lo que cuénta Zelia a Jurema:

—*Pois eu fui às três horas em ponto, como você pediu, subi as escadas, bati à porta do quarto... Ele disse lá de dentro, entre. E eu entrei...*

—*E daí?*

—*Daí ele estava nuzinho, como un lençol jogando nas pernas!*

O sea, en tenida de combate. Zelia le explicó además que Neruda le dijo antes de verla: *¡Entre Juremita!*

La furia del poeta duró muchos días.

De todos modos Jurema es reclutada y lo acompaña en diversos tiempos, casas y esposas. Recuerda cuando vivían en Avenida Lynch, en Santiago, con Delia del Carril "en situación muy precaria". Neruda acostumbraba a mantener unas "open houses" a las que llegaban multitudes de amigos, admiradores, camaradas, delegaciones de obreros. En la casa había siempre un hervidero de secretarios encabezados por Homero Arce, Jorge Sanhueza, José Miguel Varas, Margarita Aguirre, Luis A. Mancilla. Recuerda que Neruda, en un arrebato de pasión, le dijo: "qué pena que no me hubiera casado contigo".

Es esta Jurema Finamur quien las emprende contra *La espada encendida* sin descubrir por cierto, la verdadera historia de amor de Rhodo Neruda con Rosía Alicia. Este es el lapidario juicio que formuló:

A meu ver uma baboseira sem pé nem cabeça: produto da pressa, da comercializaçao, de um poeta "abundante", tomado de furor poético.

Llega a decir sin más que La espada encendida *e um livro destinado ao silencio tumular da crítica.*

Tiene mucha razón. La obra, en verdad, es extremadamente débil, el aliento erótico de un gran poeta que se despide de la vida amando como el adolescente de *Crepusculario* o el de los *Veinte poemas*, aunque sin esplendores. Por aquí, por allá, subsisten fragmentos válidos de su antigua retórica. El arpa, la cítara, la lira de los bosques, el rabel, la trutruca, aún tienen algunas cuerdas, ciertos sonidos.

> *Rosía, blanca y azul, fina de pétalos,*
> *clara de muslos, sombría de cabellos,*
> *se abrió para que entrara Rhodo en ella*
> *y un estertor o un trueno*
> *manifestó la tierra...*

Los truenos vendrían después, con relámpagos y rayos homicidas, cuando la esposa descubra a los amantes.

Una escena cruel

Regresemos a Jurema Finamur. Cuando se incorpora al séquito de Neruda la casa que manejaba Delia del Carril era el caos perfecto. Al fondo, en la enorme quinta, fogatas, parrilladas, gente jugando rayuela, tomando vino. En las cocinas las sirvientas explicándole a Delia que todo se iba a hacer poco, los tallarines, los porotos. Delia riendo feliz, corriendo como una mariposa, saludando a las visitas que seguían; era un sábado y la romería iba en aumento. Neruda hacía apartes misteriosos. Recuerdo muy bien uno de esos sábados en esa casa en que, hacia las dos de la tarde nos llevó a un grupo de no más de ocho personas, a su comedor secreto donde había buenos vinos, mariscos, whisky. El proletariado, que se las arreglara.

Por esos tiempos Delia ya estaba enterada de la otra, de Matilde la leona pelirroja y seductora que, guitarra en mano, le cantaba tonadas al poeta.

En el libro de Jurema aparece una escena de antología. Una amiga francesa esposa de un escritor alemán le cuenta a la brasileña que presenció por ese tiempo, y en París lo que Jurema reproduce:

> *Viajaban juntos os três, por toda a Europa. Delia percebendo claramente, cada dia, que o perdia. Matilde Urrutia sabendo que o ganhava. Foi um jogo sujo que assisti, em parte; uma migalha apenas: enquanto Matilde Urrutia cantava uma de suas canções chilenas ao violão [quelle mauvaise chanteuse, mon Dieu!] Pablo obrigava Delia a dançar, alí diante de todos nós. Aquella pobre Delia envelhecida, humilhada, acabrunhada pelo desespero, sendo obrigada a dançar diante dos ami-*

gos... e da amante do marido. Todos sabíamos que Pablo
mantinha um affaire com Matilde Urrutia sob o olhar
impotente da outra. "Nâo me obrigues a tanto Pablo!
ela suplicava, pedia, recusava-se." Seja humano, nâo
me leves ao ridículo, nâo quero dançar nao desejo
dancar... deixa-me, por Deus, eu te peco!" Pablo
insensível e insensato, divertido, prosseguia inamovível,
tomando-a a força pela cintura, obrigando-a dançar de
maneira quase grotesca, arrastrada, suplicante, ao som
de música e da voz da amante.

La historia así contada es terrible. Ignorábamos que
Neruda había hecho un viaje con Delia y Matilde. ¿Es
esta grotesca escena verdadera? ¿Cómo saberlo?

Era su sobrina

Retornemos una vez más a Alicia. En su tercera estadía
en Chile Jurema descubre a Alicia. Como la advierte
tan buena costurera le pide que le arregle unos vestidos. Alicia accede. Jurema, feliz, elogia a la costurera
frente a Matilde. Matilde se molesta, considera un
atropello que esta secretaria esté usando a su costurera.

Luego, Alicia, en algún instante, le reprocha a
Jurema que le haya contado que está cosiendo para ella
a su tía. Jurema queda asombrada. "Sí, es mi tía", le re-
pite Alicia, "sólo quiere que le cosa a ella". Y le explica
que se indignó y que la subió y la bajó. "Mi tía es tan
extraña. Acabo de reformarle ocho vestidos. ¿Para qué
querrá más? Me paga una miseria porque soy su sobrina. Si pudiera ganar algo... lo necesitamos tanto... mi
marido está cesante".

El libro de Jurema Finamur abunda en toda suerte de detalles domésticos sobre Neruda y Matilde. Merecería ser editado en español.

El zarpazo de la leona en celos

Neruda fue un niño. Alegre, juguetón como los niños. Y cruel y egoísta, tantas veces. Al bajar el sol de su vida, gordo, calvo, viejo, con flebitis, con un cáncer prostático, hipertenso, pero cargado de gloria, exaltado hasta el rango de divinidad poética mayor del mundo, vive su postrer amor y el gastado cuerpo parece, otra vez, elevarse como una hostia finísima. Es, de nuevo, Pelleas, que va a la pelea.

Y Alicia es Melisanda *Melisanda la dulce, se ha extraviado de ruta:/ Pelleas, lirio azul de un jardín imperial, / se la lleva en los brazos como un cesto de frutas.*

Pero no resultó tan fácil comerse esa tuna. Matilde Urrutia, la legítima, era una leona llena de muchas astucias, que conocía al viejo sátiro. Acentuó los controles. Hablamos de 1970, ahora. Exageró los maltratos a Alicia. La costurerita, a medida que era humillada por la tía, se transformaba para el poeta en una prodigiosa niña de cuentos, alguien a quien había que consolar, que acariciar dulcemente.

Sin duda se mezclaron las flores, los recados tiernos, los papelitos. Nada terrible. Sólo que los rumores ya habían envenenado la sangre de Matilde. Entonces, arma la trampa:

—Voy a San Antonio y luego a Santiago. No me esperen. Llegaré en la tarde.

Tomó el auto. Dejó a los enamorados solos en la casa, Neruda frente a su ventana mirando el mar. Alicia, cosiendo en su máquina.

Matilde hizo hora y regresó silenciosamente. Estacionó el auto de la hostería de doña Elena. Caminó hacia la casa. Como en un poema de melodrama *iba a defender lo mío/ y parecía un ladrón*. La realidad sobrepasó sus imaginaciones. Pelleas y Melisanda juntos. Su Pablo, su sobrina. Alicia se parece a Matilde. ¿Todo era un sueño? ¿Algo que regresaba del pasado?

Matilde, mujer práctica, puso condiciones para perdonar a Pablo: la embajada de Francia. La exigió como una compensación. Volodia Teitelboim reconoce haber actuado ante Salvador Allende para obtenerla. París, a miles de kilómetros de Alicia, era una solución. Es posible que Matilde le haya hecho jurar al poeta que nunca, que jamás, que ni en sueños, que ni delante ni detrás del espejo, volvería a ver a Alicia.

Neruda no solamente es de Alicia.

Nos preguntamos quién tiene los originales de *La espada encendida*. Según mis informes estarían en poder de Alicia junto a cientos de cartas y tarjetas manuscritas del poeta. Y dibujos, versos de amor. Ese material sin duda, es suyo. Y ella está en su legítimo derecho para no mostrárselo a nadie. Pero, de alguna manera, no le pertenece enteramente. La voz poética de Neruda, su peripecia vital, es de Chile y es también de la poesía universal, de una tradición.

Me observaron, también, que no valía la pena abrir estos féretros donde yacen recuerdos tan viejos y que no interesan sino a los que los vivieron. Hay mucho de verdad en esta observación. Pero no puedo menos de pensar que también interesan a los admiradores del poeta, a los estudiosos de su poesía. Que Neruda no es de una familia sino de la poesía del mundo, y de la literatura toda. Y que la familia de Alicia supo oportunamente esta historia absolviéndola de toda culpa; ¿y qué tiene de terrible haber amado a Neruda? ¿Y haber sido amada por éste?

Es que Alicia recibió la ayuda de su tía Matilde. Esa tía dura, autoritaria, triunfadora, mandona como ninguno de los Urrutia. Qué la llevó a vivir con ella y su Rosarito cuando la niña tenía cinco años y estaban en mala situación; esa tía que la tuvo en Isla Negra, en "La Chascona", en "La Sebastiana", para que cuidara las casas, para que le hiciera las costuras, la tía que le tendió la mano.

¿De esa manera ella le pagaba a su tía? Entendamos sus escrúpulos. También, intentemos comprender que Alicia era joven y atractiva y estaba muy sola y llena de confusiones, y venía de un matrimonio desdichado. Que por eso, acaso, aceptó su papel de sombra en Isla Negra, una cenicienta en un cuarto de costuras, una costurera a la que ni siquiera la tía Matilde quería presentar como su sobrina.

Y entendamos, además, que Neruda, el encantador Merlín que inventaba mil juegos para su hija Rosarito, feo, viejo, gordo y enfermo, era a pesar de todo, irresistible.

Además, Alicia, fueron instantes bellos, inocentes. El amor, bien visto, siempre es inocente. ¿Que puede herir a otros? Tal vez. Sólo que tantas veces uno no sabe resistir, es un cataclismo interior, un no dormir, un verlo en cada lugar, él le corta la respiración, el roce de sus manos, "lo tendrás que hospedar" –dice en memorable versos Gabriela Mistral. Y todo es una locura. Neruda viejo, su tía, ella. Y a pesar de todo...

La teoría de Borges

En esta materia habría que tomar muy en serio la teoría de Jorge Luis Borges que expresó más o menos así: "Si alguien quiere a la mujer que yo amo, yo empiezo a querer a mi rival, me siento honrado que otro hombre también ame a mi amada. Y aumenta el afecto mío hacia ella cuando percibo que ella quiere a alguien que yo también quiero. Porque el seductor de ella, el engañador, se convirtió en mi amigo. Él vio en ella lo mismo que yo he visto y quizá cosas aún mejores".

Con esta teoría desaparecen los celos (dicen) y la honra lesionada que tantas violencias ha producido en la mísera condición humana pasional y propietaria. Dos personas que aman a una tercera se aman entre sí. Neruda amaba a Alicia. Pero también amaba a Matilde. Y no pudo con su corazón; ella, Alicia, que quería y respetaba a su tía, no pudo con su corazón.

Porque el poeta se lo tocó, se lo mordió, se lo fue comiendo.

El niño Neruda enamorado del amor

Neruda fue un niño enamorado del amor. A los 15 años, en Temuco, seguía con su virginal mirada a Blanca Wilson, hija de un herrero. Ella era descendiente de alemanes por el lado materno. Sangre inglesa, alemana, dos trenzas rubias que vio hechas de espigas de trigo y la muchacha transformada en el sol, en una constelación de estrellas.

Un amigo de Neftalí Reyes Basoalto, le pide que le escriba cartas de amor. Él las escribe y el amigo las firma. Son para Blanquita. Lo hace. Como Cyrano de Bergerac, se enamora de la hija del herrero. La rebautiza Roxana.

Blanquita sospecha y le pregunta al niño-poeta Neftalí si es él el autor de esas hermosas cartas. "No me atreví a renegar de mis obras y le respondí que sí. Entonces me pasó un membrillo que por supuesto no quise comer y guardé como un tesoro".

Primer amor absoluto. Llueve mucho en Temuco. Frío, soledad. ¿Qué mejores combustibles de vida y esperanza que este amor eucarístico?

La luminosa hija del herrero, años después, diría "Yo lo vi unas cuantas veces cerca de mi casa, pero nunca conversamos."

"Entonces se pololeaba de esa manera", recordará Neruda. Con miradas, con papelitos, donde cabían dos, tres hermosas palabras.

Mi amigo Luis Sánchez Latorre explica sin comentarios que entonces se pololeaba con "papelitos" y ahora se pololea con "papelillos".

Vienen las mujeres

Su segundo amor fue una viuda, Amalia Alviso Escalona, hija de norteamericano. No le hizo el menor caso. Entendible fascinación por esa hermosa mujer. De jóvenes nosotros sentíamos el llamado de las viudas de encajes negros y blancas como almendras.

Su tercera pasión se llamó María Parodi. Ojos negros. Neruda afirma que le dedicó el poema 19, de los *Veinte poemas*.

Siguen las amadas casi imaginarias: Loreto Bombal, hermana de la escritora María Luisa Bombal. Y Teresa León.

Según su mejor biógrafo, Volodia Teitelboim, Teresa León sí fue muy importante. La llamó el poeta "Marisol" y le dedicó la mitad de los *Veinte poemas de amor* y muchos oros de *Crepusculario* y de *El hondero entusiasta*. Teresa fue la reina de la primavera en el Temuco de 1920. Y su poeta laureado, Pablo Neruda. A ella le dirá palabras que han quedado en la memoria tales como *puedo escribir los versos más tristes esta noche...*

Luego, Albertina Azócar, a la que el poeta bautizó como "cara de crepúsculo". Y también Laura Arrué, toda ojos verdes y en los ojos, risa. Y una birmana, Josie Bliss, que lo perseguía con un cuchillo. Y María Antonieta Haagenar, su primera esposa. Y Delia del Carril. Y Matilde Urrutia.

Y entonces, Alicia, llegaste tú. Sin buscar ni pedir. Tal vez el poeta tampoco quería amarte. Y vino el amor con sus ensueños. Y ya nada se pudo hacer para detenerlo.

¿Hablar de este ramo de rosas escondido por veinte años? ¿Un pecado? ¿Un atentado celeste?

Me gustaría que Alicia entendiera que al hacerlo no busco sino exaltar los esplendores de una experiencia que no disminuye al hombre, a ningún hombre, a ninguna mujer sobre la tierra. Quevedo, poeta que tanto admiró Neruda, pareció escribir para él un soneto, para Pablo y Alicia. Así termina:

Médulas que han gloriosamente ardido;
su cuerpo dejarán, no su cuidado:
Serán ceniza, más tendrá sentido:
Polvo serán, mas polvo enamorado.

La penúltima mirada de Melisanda

Cuando los Neruda abandonaban Chile rumbo a París, en el aeropuerto, a la distancia, estaba Alicia despidiendo con sus ojos a Pablo. Matilde la vio y hubo una escena con Pablo, "que ya no se iba, que era un miserable". Los espantados viajeros presenciaron las iras de la embajadora. Alicia desapareció entre la multitud.

¡Qué poco sabemos aún sobre Neruda! En Oxford acaba de efectuarse un seminario sobre su obra. En múltiples universidades de Europa y Estados Unidos estudian esto y aquello de su obra. Y he aquí que ignoraban este, su último amor.

Sería extremadamente oportuno que la Fundación Neruda hiciera las gestiones que correspondan para que, por lo menos, Alicia permitiera que los materiales inéditos de Neruda que están en su poder, fueran fotografiados. Alguien me dijo que ella iba a quemar todo. Ojalá pudiéramos disuadirla.

La última mirada

Pensemos en esas cartas que Alicia le enviaba mientras Neruda vivió en París. Que el embajador le respondía.

Y en los telegramas, las llamadas telefónicas, el "vendrás a vivir conmigo, lo tengo todo arreglado", y la enfermedad devorándolo y los poemas que cruzaban el mundo y el regreso del poeta a un Chile ennegrecido por la violencia, lleno de amigos muertos, de sueños muertos, con la poderosa muerte esperándolo.

Aunque allí estaba la dulce Rosía Alicia. Que jamás lo abandonó. Estaba cerca, siempre.

Neruda agoniza en la Clínica Santa María en Santiago. ¿Cómo consiguió Alicia romper la guardia pretoriana montada por Matilde? ¿Ayudó Homero Arce, el fiel secretario de Pablo? ¿O Laurita Reyes, su hermanastra? Lo ignoramos, pero de alguna manera Alicia pudo entrar y logró besarle las manos a su amado Pablo. ¿La reconoció? ¿Se dijeron algo? Alicia y sólo Alicia sabe qué pasó allí.

Ella venía del fondo del jardín que ambos hicieron junto al mar de Isla Negra. Como dizque decía san Agustín de Dios: "Tarde he llegado a amarte". Ella acababa de comer el hongo mágico para hacerse pequeñísima, invisible. Tal vez musitaron las palabras finales de "El coloquio maravilloso", una parte del poema "Pelleas y Melisanda", esas que hablan:

> *Ella: Cuando yo muerda un fruto tú sabrás su delicia,*
> *Él: Cuando cierres los ojos me quedaré dormido.*

Tu me diste la vida

¿En qué momento ella se sumergió en el cortejo? Era un día atroz, negro, en un Santiago en llamas y esas calles ("Venid a ver la sangre por las calles...") y los restos de Neruda que salían de su casa del cerro San Cristóbal, casa asaltada, saqueada, destruida y el grupo de amigos y militantes comunistas que avanzaban envueltos en soldados con ametralladoras, vigilados por helicópteros.

–¡*Pablo Neruda*: *Presente*! –gritaban alzando los puños.

Todo era peligrosísimo. En cualquier momento pudo haberse desencadenado un infierno. El cortejo se movía lentamente. Creciendo. Ahora cantan La Internacional. Detrás del ataúd, Matilde, la esposa. Era el tiempo de la esposa, tragándose las lágrimas.

–*Agrupémonos todos*– cantan. Y se agrupan. Los soldados estrechan el cerco, esperan una leve provocación.

Y allí, entre ese puñado de valientes, Alicia.

Sí, estuvo en la clínica, se despidió de su amado. Y en sus funerales. Y lloró como todos y con todos. Ella era una de las pobres del mundo, y en ese instante, la más pobre del mundo.

Porque su poeta estaba muerto. Y porque no podía contarle a nadie lo mucho que se habían amado.